每代人都要走好自己的长征路。

——习近平

长征精神代代传 丛书

创新的胆略

朱贵平 编著

丛书编委会

主编：朱贵平

编委（按姓氏笔画顺序）：

朱贵平　吴　玫　陈劲松　陈虎山　陈金庞

时代出版传媒股份有限公司
安徽教育出版社

图书在版编目（CIP）数据

创新的胆略 / 朱贵平编著. —合肥：安徽教育出版社，2016
（长征精神代代传丛书 / 朱贵平主编）
ISBN 978－7－5336－8426－6

Ⅰ.①创…　Ⅱ.①朱…　Ⅲ.①中国工农红军长征－青少年读物　Ⅳ.①K264.409

中国版本图书馆 CIP 数据核字（2016）第 236741 号

创新的胆略

CHUANGXIN DE DANLÜE

出 版 人：费世平
选题策划：杨多文　王宗琦
责任编辑：王宗琦
装帧设计：许海波
责任印制：李松伦

出版发行：安徽教育出版社
地　　址：合肥市经开区繁华大道西路 398 号　邮编：230601
网　　址：http://www.ahep.com.cn
营销电话：(0551)63683011，63683013
排　　版：安徽时代华印出版服务有限责任公司
印　　刷：三河市燕春印务有限公司

开　　本：650 毫米×960 毫米　1/16
印　　张：11.25
字　　数：145 千字
版　　次：2016 年 10 月第 1 版　2023 年 6 月第 8 次印刷
定　　价：38.80 元

序

红军长征是中国共产党及其领导的中国工农红军谱写的壮丽史诗，创造了人类历史上的奇迹。长征更是中国共产党领导中华优秀儿女在寻求中华民族复兴的伟大征程中，人类精神和意志的一次伟大远征。长征铸就了伟大的长征精神，这就是：把全国人民和中华民族的根本利益看得高于一切，坚定革命理想和信念，坚信正义事业必定胜利的精神；为了救国救民，不怕任何艰难险阻，不惜付出一切牺牲的精神；坚持独立自主、实事求是，一切从实际出发的精神；顾全大局、严守纪律、紧密团结的精神；紧紧依靠人民群众，同人民群众生死相依、患难与共、艰苦奋斗的精神。

长征精神是中国共产党人和人民军队革命风范的生动反映，是中华民族百折不挠、自强不息的民族品格的集中展示，是以爱国主义为核心的民族精神的最高体现。长征精神与井冈山精神一脉相承，薪火相传。回顾历史，无论抗日战争时期、解放战争时期、社会主义革命和建设时期，还是改革开放新时期，长征都迸发出一种绵延不绝的精神力量，给人以无穷的信心、勇气和智慧，为中国革命、建设和改革事业从胜利走向胜利提供源源不断的强大精神动力。每代人都以自己独有的方式，坚定地走完自己的长征路，呈现出长征精神代代传、代代新，“长征永远在路上”的鲜明特色。

如今，战争的烽火硝烟已经远去，长征已成为中华民族永不磨灭的红色记忆，长征精神已凝成中华民族代代相传的红色基因。在进行中华民族伟大复兴的新长征中，长征精神熠熠生辉。“长征精神代代传丛书”试图将长征精神在各个历史时期的传承和表现，通过生动故事展示出来，彰显长征精神的生命力，彰显中国共产党人的理论自信、道路自信、制度自信、文化自信，并激励读者朋友缅怀先烈、不忘初心，弘扬红色传统，传承红色基因，走好新的长征路，用实际行动续写前辈震古烁今的动人故事，延展中华民族复兴的光辉篇章。

丛书编委会

2016年9月

前言

坚持独立自主、实事求是，一切从实际出发的精神是长征精神的重要方面。长征途中，以毛泽东为主要代表的中国共产党人坚持把马克思主义基本原理同中国革命的具体实践相结合，冲破共产国际的框框，摆脱外国经验的束缚，独立自主地解决了关乎党和红军生存发展的战略方向问题、军事指挥问题和“左”倾教条主义统治中央的问题，制定了符合中国实际情况的战略方针和适合中国革命战争特点的战术原则，确立了以毛泽东为代表的党中央的正确路线，最终，使党和红军得以在极其危急的情况下转危为安，并逐步从挫折走向胜利。长征及以后中国革命、建设和改革的历史进程促使中国共产党人更加自觉地运用马克思主义基本原理，实事求是、独立自主地解决中国的具体问题，有力地推动了毛泽东思想、中国特色社会主义理论的形成和发展，有力地推动了马克思主义中国化的历史进程。红军长征所表现的巨大的思想解放和理论创新的勇气和力量，永远鼓舞着中国共产党人在追求民族独立、国家富强、人民幸福的路上，在实现中华民族伟大复兴中国梦的新长征中披荆斩棘，一往无前。

目录

长征篇(1934 年 10 月—1936 年 10 月)

抗日战争篇(1937 年 7 月—1945 年 8 月)

解放战争篇(1945 年 8 月—1949 年 9 月)

社会主义革命和建设篇(1949 年 10 月—1978 年 12 月)

改革开放篇(1978 年 12 月—)

长征篇

（1934 年 10 月—1936 年 10 月）

红军长征之所以从被动转为主动，成为党和红军从挫折走向胜利的重大转折，一个关键因素就是以毛泽东为代表的中国共产党人坚持独立自主、实事求是精神，纠正了王明“左”倾错误路线，形成了坚强的领导核心；准确判断形势，采取机动灵活的战略战术；正确开展党内斗争，使党和红军逐步达到团结统一；审时度势，把党中央领导中国革命的大本营奠基于西北，巩固和发展了陕甘宁根据地，迅速打开了中国革命的新局面。

王稼祥的“关键一票”

王稼祥，安徽泾县人，1925 年赴苏联留学，1928 年加入中国共产党，1930 年 3 月回国，1934 年 4 月进入江西中央苏区。留苏的背景使他一开始就受到了由共产国际支持上台的王明“左”倾中央的器重。他一到苏区，就担任中央局委员、中国工农红军总政治部主任、中央革命军事委员会副主席，是以博古为首的临时中央的重要成员。临时中央执行“左”倾冒险主义路线，导致第五次反“围剿”失利，主力红军被迫撤离。惨痛的教训使他逐步认识到照搬照抄苏联经验是行不通的，以共产国际顾问李德为主导的军事教条主义路线是死路一条。作为临时中央的核心领导成员之一，王稼祥觉得自己有责任指出这一问题。11 月底，湘江血战虽然突破了敌人的第四道封锁线，可是由于李德等人的错误指挥，红军损失惨重，王稼祥痛心疾首。

长征开始时，王稼祥因在第四次反“围剿”中负了重伤，是坐在担架上随队行动的。毛泽东也因病坐担架，二人经常同行，他们一边行军一边交谈，商谈了许多有关党和军队前途的问题。毛泽东的诱敌深入、各个击破等符合中国实际的战略思想和丰富的武装斗争经验使王稼祥感到钦佩，也解开了他的心结。

一天夜晚，在宿营地，王稼祥见毛泽东捏着烟卷一个劲地抽，忍不住说出积压在心头已久的愤懑：“再让李德他们指挥下去，可不得了，博古同志本来就不会带兵，李德虽有丰富的军事知识，却对目前形势视若无睹，进入苏区以来尽瞎指挥！这样下去不行，应尽快把李德等人轰下去。”毛泽东猛吸一口烟，愤愤地说道：“问题就在于此。李德那些军事学说从何而来？是本本上的，是西洋外国来的，是从一般战争甚至帝国主义战争中来的，而我们的战争是在中国，是在革命根据地，环境不同，条件不同，他拿十万八千里以外的战例战法来硬套，焉有不败之理！”王稼祥连连点头：“我完全同意你的看法，决不能让李德他们再这样指挥了。”

毛泽东还与临时中央常委兼书记处书记、曾经是博古路线忠实追随者的张闻天交换看法，彼此观点越来越接近，并逐步争取到了军委其他同志如周恩来、朱德、刘少奇、彭德怀等人的拥护。

1935 年 1 月 7 日，红军进占贵州遵义。在同毛泽东商议以后，王稼祥直接找到博古、周恩来，强烈要求道：“西征以来中央政治局的争论应该有个结论了，军事指挥上的经验教训应该好好总结一下了。”王稼祥的提议得到中央政治局多数同志的支持，召开遵义会议的条件成熟了。

1 月 15 日，中央政治局扩大会议在遵义召开。会议的中心议题是决定和审查进军方向问题，总结第五次反“围剿”以来军事指挥上的经验、教训。会议首先由博古作关于第五次反“围剿”的总结报告，他过分强调客观困难，把第五次反“围剿”失败的原因归结为敌人过于强大，白区和各苏区的斗争配合不够等。接着，周恩来就军事问题作副报告，指出第五次反“围剿”失败的主要原因是军事领导上战略战术的错误，并主动承担了责任，作了诚恳的自我批评。张闻天则按照会前与毛泽东、王稼祥共同商定的意见，作反对“左”倾军事路线的“反报告”。

接着，毛泽东发言，讲了一个多小时。他尖锐地指出，第五次反“围剿”失败的主要原因不在于客观，而是由于博古、李德实行了单纯防御路线，在战略战术上犯了一系列错误，主要表现为进攻中的冒险主义，防守时的保守主义，撤退时的逃跑主义。

一时间，会场上鸦雀无声，气氛很紧张。在这关键时刻，第一个就毛泽东长篇发言进行表态的是王稼祥。他大声说道："我完全同意毛泽东的发言，第五次反'围剿'之所以失败，主要原因在于我们在军事指挥上犯了严重错误。我不同意博古同志的报告，不能把失败的原因归咎于客观，客观原因是有一点，但不是主要的。李德同志在博古同志的支持下，一再拒绝毛泽东等同志的正确意见，否定了红军在长期的革命斗争中创造的行之有效的实践经验，李德同志甚至抛开军委集体领导，进行完全脱离实际的瞎指挥。"王稼祥最后旗帜鲜明地表示："我认为，李德同志不适合再领导军事活动了，应该撤销博古、李德同志的军事指挥权，毛泽东同志应该参与军事指挥。事实证明，中国红军和中国革命战争应该也必须由毛泽东这样的了解中国情况、富有实际斗争经验的同志来领导才能取得胜利。"

1939 年 6 月 1 日，毛泽东（左 2）、王稼祥（左 4）出席抗大成立三周年纪念会

王稼祥的发言激起了与会者的强烈反响。朱德、刘伯承、聂荣臻、彭德怀等相继发言表示支持，会场形成了“一边倒”的局面。最终，会议增选毛泽东为中央政治局委员，取消了博古、李德的最高军事指挥权。会后不久，由毛泽东、周恩来、王稼祥组成三人军事小组，全权负责红军的军事行动。以毛泽东为核心的最高军事领导机构得以形成。

遵义会议结束了王明“左”倾冒险主义在中央的统治，确立了毛泽东在全党全军的领导地位，在最危急的关头，挽救了党、挽救了红军。而王稼祥的贡献则在于，他善于独立自主、实事求是地探索思考问题，敢于挑战共产国际的权威，是从博古、李德教条宗派主义营垒中冲杀出来的第一人，是提议召开遵义会议解决党内领导权问题的第一人，他在关键时刻投了毛泽东一票。毛泽东后来曾专门谈道：“王稼祥是最早支持我的，遵义会议上没有他不行，他投了关键一票。”

生死攸关的转折点

贵州北部重镇遵义，因红军长征途中的中央政治局扩大会议而名垂青史。

故事要追溯到 1934 年 11 月底。在以博古为首的“左”倾中央的领导下，中央红军强渡湘江后损失惨重，正准备沿湘桂边境北上湘西，同红二、六军团会合。可情报显示，国民党当局已侦知红军动向，预先在沿途布下 6 倍于我的 20 万重兵，形成一个大口袋，企图围歼中央红军。危急关头，毛泽东建议放弃原定计划，转兵西进，到敌军力量比较薄弱的贵州开辟根据地。尽管毛泽东的意见被采纳，红军挥戈西进，于 1935 年 1 月初占领贵州遵义，暂时避免了灭顶之灾，可是，掌握最高指挥权的博古、李德等人不顾变化了的实际情况，仍顽固坚持到湘西的原定计划，一路上与中央其他领导人争吵不休，造成了严重的思想混乱。

一天晚上，李德甚至到军委副主席周恩来的驻地大发雷霆：“为什么放弃原定计划，中央的决定说改变就改变吗?”周恩来正因第五次反“围剿”以来的惨败憋了一肚子火，他把桌子一拍，愤然说道：“你折腾得还不够吗，像你这样指挥打仗没有不败的道理!”因为用力过猛，桌子上的马灯都跳了起来，熄灭了。周恩来感到一阵茫然。

何去何从？党和红军走到了一个关系到生死存亡的紧要关头。

面对严峻形势，毛泽东在中央领导层中做了大量艰苦细致的思想工作，帮助一些同志明辨是非，转变错误立场。特别是“左”倾中央的重要成员、军委副主席王稼祥和政治局委员周恩来、张闻天，过去虽然执行了“左”倾冒险主义路线，但他们在与毛泽东的交谈中，逐步认识到“左”倾路线的危害，认识到毛泽东军事思想的正确性和解决军事领导问题的紧迫性。大家都赞成开个会，统一思想，纠正错误领导，彻底扭转红军被动挨打的局面。

博古等人意识到开会必有一场争论，事前，他让支持自己的政治局候补委员凯丰找各军团负责人谈话，要他们在会上发言支持博古。可是这些一线指挥员深受“左”倾军事路线的危害，均予以抵制。凯丰几次找到聂荣臻，让他领头，都遭到拒绝。凯丰向博古汇报说，聂荣臻这个人真顽固，别指望他了。

1935 年 1 月 15 日至 17 日，中共中央政治局在遵义召开扩大会议。出席会议的有：政治局委员博古、周恩来、朱德、张闻天、毛泽东、陈云，政治局候补委员王稼祥、邓发、刘少奇、凯丰（何克全），红军总部和各军团负责人刘伯承、李富春、林彪、聂荣臻、彭德怀、杨尚昆、李卓然，中央秘书长邓小平，共产国际军事顾问李德和翻译伍修权，共 20 人。

遵义会议会场

博古主持会议，并作了关于第五次反“围剿”的主报告，把反“围剿”失败的主要原因归结为敌人的力量过于强大。博古的讲话并没有得到认同。接下来周恩来作副报告，他说，失败的主要原因是军事领导者犯了战略战术方面的严重错误，并主动承担了责任，作了自我批评。同时，周恩来一针见血地指出：“博古、李德同志作为主要军事领导者，多次拒绝毛泽东等同志提出的正确的意见和建议，盲目执行单纯防御路线，一意孤行，酿成恶果，错误是严重的，不可原谅的。”

随后，张闻天作了反对“左”倾军事路线的“反报告”，比较系统地批评了博古、李德在军事指挥上的错误。在党的政治局会议上，“一把手”的主报告被副报告、反报告全面否决，在党的历史以及国际工运史上还是第一次。会场上大家议论纷纷，气氛变得紧张起来。

接着，毛泽东作了重要发言，讲了一个多小时。他指出：博古同志的报告里，对反“围剿”的失败，总结出的那些原因，我认为不能成立，这个总结报告不是实事求是的，是在替自己的错误作辩护。我们在指挥红军对付敌人的第五次进攻时，不客气地说，犯了军事路线上的错误。这个错误，主要表现为进攻中的冒险主义、防御中的保守主义、退却中的逃跑主义。毛泽东的发言矛头直指李德，谈出了问题的实质。同时，比较系统地阐述了适合中国革命战争特点的战略战术和今后军事行动的方向。

毛泽东的发言获得了王稼祥、朱德、刘伯承等大部分与会人员的支持。王稼祥提议，撤销李德军事上的指挥权，毛泽东应当参与军事指挥。

总司令朱德一向谦逊稳重，这次会议发言时却声色俱厉地批评临时中央领导的错误，谴责他们排斥毛泽东同志的正确意见，依靠外国人李德弄得丢掉根据地，牺牲了多少人命！他愤愤地说:“有什么本钱,就打什么仗,没有本钱,打什么洋仗? 如果继续这样的错误领导,我们就不能再跟着走下去。”

至此,纠正错误军事路线、更换领导人的议题严肃地摆在了与会者的面前。

会议经过热烈讨论,改组了中央领导机构,选举毛泽东为政治局常委,取消博古、李德的最高军事指挥权,决定仍由最高军事首长朱德、周恩来为军事指挥者。会后,根据会议精神,常委进行分工,由张闻天代替博古总负责。随后,军委设置前敌司令部,朱德为司令员,毛泽东为政治委员,毛泽东、周恩来、王稼祥组成三人小组负责军事行动。

遵义会议结束了王明“左”倾教条主义在中央的统治,确立了毛泽东在党和红军中的领导地位,在极端危险的时刻挽救了党,挽救了红军,是中共党史上一个生死攸关的转折点。这次会议是中国共产党在长征途中,在与共产国际失去联系的情况下独立自主、实事求是地解决自身问题的光辉典范,是中国共产党从幼年走向成熟的标志。

毛泽东用兵真如神

长江上游有一条支流，名赤水河，发源于云南，经贵州在四川并入长江，以“每雨涨水，色深赤”而得名。后因中国工农红军在长征途中四渡赤水而闻名海内外。萧华将军《长征组歌》中有一首《四渡赤水出奇兵》，歌中唱到：“战士双脚走天下/四渡赤水出奇兵/乌江天险重飞渡/兵临贵阳逼昆明/敌人弃甲丢烟枪啊/我军乘胜赶路程/调虎离山袭金沙/毛主席用兵真如神。”

其实，战争中并没有“神”，只有把握战争的规律并根据实际情况的变化适时而变。毛泽东就是这样一位随时根据实际情况变化而及时做出正确应对的人。四渡赤水是毛泽东神奇用兵的得意之笔，是长征中最惊心动魄、最精彩的华章，是独立自主、实事求是的长征精神在军事指挥中的完美体现。

故事要从 1935 年 1 月中央红军突破乌江，进占遵义城说起。当时，国民党蒋介石集团大为震惊，急调其嫡系部队和四川、云南、贵州三省的兵力及广西军队一部，共 150 余个团，从四面八方向遵义地区进逼包抄。为摆脱这种险境，党中央决定，率师北渡长江，进入川西北，与活动在川、陕革命根据地的红四方面军会合。

从 1935 年 1 月 19 日起，红军兵分三路向西北方向土城、赤水前进，准备由宜（宾）泸（州）之间北渡长江，27 日全部推进到赤水河以东地区。可此时情报显示，国民党军正从各路奔袭而来进行围堵。毛泽东意识到原定从这里北上的计划已不能实现，决定立即改变北上行军路线，避开强敌，西渡赤水河。29日，红军一渡赤水，随后，经川南进至云南四川边境的云南省威信县的扎西地区，寻机北渡长江。

敌人仍判断红军必将北渡长江，除向宜宾等长江南岸各主要渡口增兵外，又调集重兵包抄过来。鉴于敌军主力大部已被红军吸引到四川云南边境，贵州北部兵力空虚的情况，在扎西中央政治局扩大会议上，毛泽东提出回师东进、再渡赤水、重占遵义的主张。针对一些人的疑惑，毛泽东解释道：应该利用敌人的错觉，寻找有利战机，集中优势兵力，主动消灭敌人。毛泽东的语气坚定而有力，说服了在场的所有人。

2月18日至20日三日内，红军二次东渡赤水河，回师贵州北部重镇遵义，重占遵义。途中，击溃和歼灭驰援遵义的敌2个师又8个团，俘敌3000余人，取得了中央红军战略转移以来最大的一次胜利。毛泽东兴致勃勃地登上遵义北面的娄山关，极目四望，即兴吟成《忆秦娥·娄山关》：西风烈，长空雁叫霜晨月，霜晨月，马蹄声碎，喇叭声咽。雄关漫道真如铁，而今迈步从头越。从头越，苍山如海，残阳如血。

红军遵义大捷后，蒋介石于3月2日急忙飞往重庆，亲自指挥对红军的围攻。红军将计就计，伪装在遵义地区徘徊寻敌，以诱敌追进，以红三军团向西南方向的金沙佯动，调动敌向南和向西合围。红军的行动果然调动了敌人，当敌追兵靠近红军之际，主力红军突然转兵向西向北，于16日从茅台镇附近第三次西渡赤水河，再入川南。并派一个团伪装主力继续向西北挺进，做出北渡长江的架势，而主力则隐蔽在附近的山沟丛林里。

蒋介石得到飞机侦察报告，再次误判红军要北渡长江，急忙调整部署，从四面八方向川南压逼过来。蒋介石得意地宣称："剿匪成功，在此一举。"若再不歼灭红军，"何颜再立于斯世"。一副信心满满的样子。可是，他的如意算盘打错了。在连续突围转移途中，毛泽东早已经构思成熟了一个把"滇军调出来"，由云南进入川西北、再北渡长江，与红四方面军会合的战略计划。所以，当得知国民党各路大军大举西进后，毛泽东指挥红军，果断掉头，第四次东渡赤水河，返回贵州。此时，贵州境内国民党兵力空虚，红军挥师南下，势如破竹，31日南渡乌江，跳出国民党军队的包围圈。前锋直逼贵阳。

蒋介石惊慌失措，急忙飞往贵阳督战，同时将云南的国民党部队悉数调来"保驾"。面对形势变化，毛泽东胸有成竹地对刘伯承说：只要能将滇军调出来，就是胜利。果然，敌人完全按照毛泽东的指挥行动了。乘云南敌军增援贵阳之际，毛泽东运用声东击西的战术，直插云南，威逼昆明。当云南各地民团集中昆明守城时，红军又虚晃一枪，向西北方面金沙江边挺进，于5月初全部巧渡金沙江。国民党军队恍然大悟，急忙调集重兵追击，追到金沙江边时，红军已过江7天了。就这样，在毛泽东的英明指挥下，红军完全跳出了数十万国民党军的围追堵截，取得了战略转移中具有决定意义的胜利。为了庆祝自己的胜利，黄镇等人编了一部名为《一只破草鞋》的话剧，歌颂红军巧渡金沙江的胜利，讽刺敌军追击千里，只捡到红军丢下的一只破草鞋的可怜相，指战员们看了演出，个个捧腹大笑。

1936年，毛泽东(后排右3)与红四军部分干部在陕北合影

刘伯承回忆说：遵义会议以后，我军一反以前的情况，好像忽然获得了新的生命，穿插于敌人之间，以为我向东却又向西，以为我渡江北上却又远途回击，处处主动，生龙活虎，左右敌人。我军一动，敌又须重摆阵势，因而我军得以从容休息，发动群众，扩大红军。待敌部署就绪，我却又打到别处去了。弄得敌人扑朔迷离，处处挨打，疲于奔命。这些情况和"左"倾路线统治时期相对照，全军指战员更深刻地认识到：毛泽东的正确的路线，高度发展了的马克思主义军事艺术，是我军立于不败之地的唯一保证。

与张国焘的斗争

1935 年 6 月，红一、四方面军在四川懋功会师后，根据日本帝国主义由东北深入华北，中华民族危机日益严重的形势，党中央确立了北上抗日、建立川陕甘革命根据地、促进全国抗日高潮发展的战略方针。可红四方面军领导人张国焘认为中国革命已进入低潮，处于“总退却”阶段，主张西进或南下，向川康边界退却，或西渡黄河，深入青海、宁夏、新疆等西北偏远地区。在党中央和张国焘之间，开始了反反复复的北上南下之争。

6 月 26 日，中央政治局在两河口召开会议，重申了北上方针。张国焘虽然对中央的决定投了赞成票，但其内心深处仍主张南下。他看到中央红军经过长征的损耗，人、枪都比红四方面军少(红四方面军号称十万之众)，便野心勃发，多次提出要解决一、四方面军统一指挥的问题，公开向中央要权。甚至借口“统一指挥”和“组织问题”没有解决，故意拖延红四方面军的行动，阻挠北上。

党中央从大局出发，为了团结四方面军广大同志，多次对张国焘晓之以理，争取他转变态度，同时，在组织上做出重大让步，任命张国焘为红军总政委，红四方面军总指挥徐向前兼前敌总指挥部总指挥，增补陈昌浩、周纯全为政治局委员，陈昌浩还兼任红军总政治部主任。

1938年3月，毛泽东与张国焘在陕北

8月上旬，中央政治局在毛儿盖附近的沙窝举行会议，继续对张国焘进行耐心的说服工作。会后，把一、四方面军混编为左、右两路军，左路军以原红四方面军为主，由朱德、张国焘率领，右路军以原红一方面军为主，由徐向前、陈昌浩率领，党中央随右路军行动。左、右两路大军分别从卓克基、毛儿盖出发，越过茫茫草地，于8月下旬先后抵达阿坝和巴西等地区。29日，右路军攻克了巴西到甘南的必经之地包座，为红军北上甘南创造了条件。

即便如此，张国焘仍然顽固坚持南下主张，总是寻找各种理由阻挠左路军北上。毛泽东和中共中央多次催促张国焘带左路军尽快赶上来，可迟迟不见动静。

此时，蒋介石得知了红军动向，包座防线失守令他大为震惊，他急调重兵沿着甘南方向做好堵截的准备。

情况紧急，容不得再迟疑。可为了团结红四方面军的同志共同北上，中共中央和毛泽东不能不以最大的耐心等待张国焘的回音。9月3日，张国焘致电中央，以葛曲河水上涨、行动不便为由，拒绝执行中央的北上计划，还以红军总司令部的名义，多次发电报给徐向前、陈昌浩，要求党中央和右路军南下。

张国焘的一意孤行，令中共中央和毛泽东左右为难。在张国焘的一再鼓动下，陈昌浩改变了态度，同意南下。徐向前虽然不赞同南下，但不愿把四方面军的部队分开，只好同意南下。张国焘再次致电陈昌浩，令右路军南下，彻底开展党内斗争，企图分裂和危害党中央。

党中央立即召开会议，认为继续说服、等待张国焘北上不仅没有可能，而且会招致不堪设想的后果。会议决定单独北上，脱离险境。为了贯彻北上方针，避免红军内部可能发生的冲突，10日凌晨，党中央率领红一、三军团以及军委纵队一部和红军学校迅速转移，向甘南前进。

9月11日，党中央和北上红军到达甘肃省迭部县俄界。次日，根据8月以来与张国焘的争论，中央政治局召开扩大会议，研究对策。许多同志对张国焘反党、分裂红军的行为十分愤慨，要求开除张国焘的党籍。毛泽东并不同意，他说："我们同张国焘的斗争，目前还是党内的两条路线的斗争，组织结论是必要的，但不一定马上就做，因为它关系团结和争取整个四方面军的问题。你开除他的党籍，他还是统率着几万军队，还蒙蔽着几万军队，以后就不好见面了。"会议做出了《关于张国焘同志错误的决定》，仅传达到中央委员，未向全党公布。

在此之后，党中央和毛泽东一再致电张国焘，要求他服从中央电令，转而北上，并严正指出，南下没有出路。张国焘却置之不理，在左路军中大肆活动，攻击中央的北上抗日方针是"右倾逃跑主义""机会主义"。还在卓木碉另立中央，自封为主席，宣布："毛泽东、周恩来、博古、洛甫应撤销工作，开除中央委员及党籍，并下令通缉。杨尚昆、叶剑英应免职查办。”

事已至此，毛泽东和中央其他领导人一致认为，应当将中央与张国焘的分歧公布于众。1936 年 1 月 22 日，中央政治局会议通过了《关于张国焘同志成立第二“中央”的决定》，指出张国焘的行为无异于自绝于党，自绝于中国革命。同时在党内公布了俄界会议做出的《关于张国焘同志错误的决定》。

事实正如毛泽东预料的那样，南下没有出路。到 1936 年二三月间，红四方面军由出发时的约 8 万人，减少到 4 万人，南下计划失败，而中央红军已在陕北落脚，建立了根据地。惨痛的教训使广大红四方面军干部战士觉醒。经过朱德、任弼时、贺龙等人的斗争，终于迫使张国焘同意北上。10 月 9 日，红四方面军与中央红军在甘肃会宁会师，完成了长征。

毛泽东在与张国焘的斗争中，既坚持了北上的基本原则，又对一些具体的人事安排灵活掌握，做出适当让步；既从团结的愿望出发，对张国焘的错误进行耐心地说服教育，不急于做出组织处理，又把张国焘的错误与红四方面军广大干部战士区分开来，避免了红军的分裂。这种把原则性与灵活性相统一、实事求是的斗争方式，成为正确处理党内斗争的典范。

“开明君主”张闻天

张闻天，笔名洛甫，1900年生，上海人。1925年加入中国共产党，早年曾留学日本、美国、苏联，有“红色教授”之称。张闻天1933年来到江西中央苏区，曾担任中共临时中央政治局常委、中华苏维埃中央政府人民委员会主席。留苏的背景使他成为以博古为首的临时中央的核心成员之一，党内地位仅次于博古。由于临时中央执行王明“左”倾主义错误路线，盲从共产国际顾问李德的教条主义军事指挥，红军未能打破国民党军的第五次围剿，被迫长征，并在11月份的湘江之战中损失惨重。残酷的现实使张闻天越来越感到“左”倾路线的严重危害，感到毛泽东等人提出的符合中国实际的战略方针的正确性。

张闻天(左1)与毛泽东(左2)在延安

1934年12月的一天，部队到达贵州黄平。因为连日征战，指战员们十分疲劳。在一片橘林里，张闻天与军委副主席、红军总政治部主任王稼祥边休息边议论当前形势。张闻天深有感触地说："我们中国的事情不能完全听李德的，我们自己得有点主意。这仗这样打看起来不行，还是要毛泽东出来。毛泽东打仗有办法，比我们有办法。"王稼祥由衷地表示赞同。当天晚上，张闻天就将自己的想法打电话告诉红三军团军团长彭德怀，然后又告诉毛泽东。消息很快在刘伯承等其他几位将领中传开了，大家议论纷纷，都表示要开个会，彻底解决领导层的问题。

1935年1月，中共中央政治局扩大会议在贵州遵义召开，总结了第五次反围剿以来的经验教训。在博古作主报告和周恩来作副报告之后，张闻天首先起来作反对"左倾"军事路线的"反报告"，系统地批评了博古、李德在军事指挥上严重脱离实际的错误，为彻底否定单纯防御路线定下了基调。

一石激起千层浪。张闻天的发言引起强烈反响，毛泽东、王稼祥、朱德、刘伯承等纷纷发言表示支持。会议达成共识：只有改变错误的领导，红军才有希望，革命才能成功。最终，会议选举毛泽东为中央政治局常委，张闻天受命起草《遵义会议决议》。会后常委进行分工，张闻天接替博古，任中共中央总负责（相当于总书记）。

毛泽东曾说过：如果没有洛甫、王稼祥两个同志从第三次"左倾"路线分化出来，就不可能开好遵义会议。还说，张闻天在中央，在相当一部分人中间是颇有影响的人物，只要能说服和争取到张闻天，问题就解决了一大半。

张闻天是有相当理论功底的马克思主义者，尽管居于领袖地位，他的信条却是：真理在谁手里，就跟谁走。张闻天一直坚持集体领导，遇事总要征求大家的意见，经过讨论后再由他做结论，从不独断专行和一意孤行。张闻天从正反两方面的教训中认识到，毛泽东的战略战术原则来自于中国本土，反映了中国革命战争的客观规律，毛泽东的军事指挥才能卓越超群，于是他向中央郑重提议，成立一个前敌司令部，让毛泽东到前方担任前敌总指挥。不久，张闻天又接受毛泽东的建议，成立了由毛泽东、周恩来、王稼祥组成的"三人团"，全权指挥军事。至此，毛泽东在党和红军中的核心领导地位得以确认和巩固下来。

张闻天从年轻时起就潜心研究马克思主义理论，积极探索符合中国国情特点的革命道路和路线方针政策。1931 年 2 月从苏联回国后，他曾担任中共中央宣传部长，擅长开展理论宣传和思想政治工作，但与毛泽东等一批既有理论功底又有革命战争实践经验的领导人相比，他仍觉得自己有不小的差距。张闻天被推为总负责人之后，他一再感到自己并不完全适合于领袖地位，希望由毛泽东担任总书记。毛泽东以身体不好并忙于军务为由拒绝。1935 年 4 月红军长征渡过北盘江后，中央讨论要派一位中央负责人到白区工作，张闻天主动要求前去，结果毛泽东等人不同意，改派陈云前往。

1935 年 6 月，红一方面军和红四方面军在四川懋功胜利会师。会师以后，中央确定的方针是北进到川西北建立根据地，再占领川陕甘。红四方面军领导人张国焘却要西进西康、青海、新疆，到经济落后、文化落后的区域发展，或是向南，直取成都，出长江，打到武汉去。对于张国焘的错误方针，张闻天坚决反对。6 月 26 日，他主持召开两河口中央政治局会议并作了总结性发言，明确指出北上的战略方针"是前进的，唯一正确的"。同时坚决否定"西进"的错误方针。张国焘表面上同意北上，暗地里却以此为筹码，向中央伸手要权。

一天，毛泽东来到张闻天的住处商讨应对之策。毛泽东深感忧虑地说：张国焘是个实力派，他有野心，我看不给他一个相当的职位，一、四方面军很难合成一股绳。毛泽东分析道，张国焘想当军委主席，这个职务现在由朱总司令担任，他没法取代。但只当副主席，同恩来、稼祥平起平坐，他不甘心。为了顾全团结北上的大局，张闻天主动向毛泽东提出"我这个总书记的位置让给他好了"。毛泽东连忙说："不行，他要抓军权，你给他做总书记，他说不定还不满意，但真让他坐上这个宝座，可又麻烦了。"于是中央决定，让张国焘担任红军总政委。事实证明，毛泽东的考虑是有远见的，后来张国焘对抗中央的北上决定，并另立中央。若是当初让他担任了总书记，后果不堪设想。

张闻天追求真理、实事求是、不诿过、不争权、讲民主、从善如流的高尚品德给人们留下了难忘的印象。毛泽东曾几次开玩笑说："洛甫，你是'明君'，开明君主。"

乌蒙山上打转转

毛泽东在著名的《七律·长征》中有一句“乌蒙磅礴走泥丸”，说气势磅礴的乌蒙山只不过是红军脚下滚动的小泥球，歌颂的就是红二、六军团在乌蒙山所表现出来的豪迈的革命英雄主义气概。为什么会有如此气概？得益于红二、六军团的领导人贺龙、任弼时、关向应等人不按照固定套路“出牌”，解放思想，实事求是，因地制宜，采取机动灵活的战略战术。

故事要从头说起。

红二、六军团(后改称红二方面军)是中国工农红军长征三大主力之一，是1935年11月从湖南桑植地区出发开始长征的。1936年二三月间，部队从贵州毕节出发，避开国民党重兵围堵，到达云南贵州边界的乌蒙山区。

红二、六军团在乌蒙山上急行军

乌蒙山气势磅礴，海拔 2300 多米，层峦叠嶂，逶迤千里，连绵于云南东北和贵州西部，形成一个高原地带。红军在此有较大的回旋余地。

红军刚到乌蒙山，国民党重庆行营主任顾祝同就调集重兵前来围堵。在北面的奎香一带，敌樊崧甫部一个师想抢头功，孤军深入，紧追不舍。贺龙瞅准机会，回头设下伏击圈，杀敌一个回马枪，将敌先头部队的两个加强连歼灭大部。正当后援敌军就地构筑工事准备抵抗时，红军迅速撤出阵地，消失得无影无踪。

为了避敌锋芒，部队转入深山，一会儿向西，一会儿向南，一会儿向东。除转战中抓住战机狠揍敌人一顿以外，一般不与敌人做长时间纠缠，搞得敌人晕头转向，不知所措。顾祝同一切都听纸上谈兵的参谋摆布，一会儿命令部队向这里开，一会儿又命令部队往那里赶。部属怨声载道："这打的都是什么仗啊，尽瞎指挥！"

乌蒙山上，不仅到处留下红军的战斗足迹，而且留下了这样的红军标语："踢死黔军，踩死川军，打死滇军，拖死中央军。"指战员们风趣地说："什么叫乌蒙山回旋战，就是连走带打地消灭敌人。不管他什么军，连打带拖，最终都要把一切反动派消灭干净！"

3 月 12 日，红军先头部队进至坝柳一带，得知敌万耀煌纵队第十三师正向得章坝开来。贺龙双眉一挑，认为机会难得，急令部队向得章坝行动，迅速抢占道路两边的制高点，同时，严令部队封锁消息，隐蔽设伏，准备打敌人一个措手不及。

当日午后，敌第十三师大摇大摆地开来，红军严阵以待。当敌人进入伏击阵地时，嘹亮的冲锋号吹响了，战士们如猛虎下山，一阵猛烈冲杀，将敌人行进队伍拦腰斩断。敌首尾不能相顾，乱作一团，四处溃散。正在军中督阵的万耀煌一看中了埋伏，丢弃队伍，连滚带爬地滚下山，仓皇逃命。经过一个多小时激战，红军歼敌

120 余人，俘虏 200 余人。

不久，敌增援部队赶到，双方战至深夜，打成相持局面。贺龙觉得战斗再这样继续下去，必对红军不利。于是，果断带领红军连夜撤离阵地。

凌晨时分，当红军行进赫章北部财神堂地区时，再次遭遇敌人 5 个纵队的围堵。红军被压缩至纵横约 15 千米的狭小区域，无法展开迂回行动，处境十分危险。面对险情，贺龙等领导人镇静自若。根据侦察到的情况，他们果断决定智取，而不强攻，轻装前进，悄悄突围。

拂晓前，突围行动开始了。为了迷惑敌人，红军临时扎了大批稻草人布置在前沿阵地上，又找出一部分红旗，在树林深处分散而立，远远望去，似大军埋伏之地。

敌人的包围圈越来越紧了，但各路敌军鉴于多次被伏击的教训，均不敢靠前。特别是看到前方阵地上黑压压的一片，又有红旗不停地在晃动，谁也不敢率先与红军接火。机会来了，红军趁着夜幕掩护，从敌人两个纵队的接合部悄无声息地穿了出去。两天后敌人才知道上当受骗了，看着红军布设的稻草人和小红旗，气得直哇哇叫。

3 月 22 日，红二、六军团进入云南宣威境内的来宾铺地区。国民党云南省主席龙云急调滇军刘正富第一旅、郭汝栋纵队，加上地方保安团前来围堵。贺龙等领导人决定，利用来宾铺的有利地形设伏，杀杀滇军的士气。

23 日晨，大雾弥漫。立功心切的刘正富亲率部队气势汹汹地扑过来。红军派出小股部队边打边撤，将敌军诱至红军伏击阵地，一阵猛冲猛打，将敌人打得溃不成军，刘正富乘乱逃走。

下午 1 点左右，刘正富重新组织兵力，对红军实施反击，双方展开了激烈的阵地争夺战。敌人越来越多，战线越来越长，战斗形成胶着状态。敌人边打边等待援军主力到来，企图举全力与红军决战。贺龙识破敌人诡计，令部队发动几次火力袭击后，于深夜撤出战斗。

来宾铺一战使红二、六军团声威大振，滇军受到重挫。当地群众有许多夸张的传说："红军有一种神药，顺腿打几针就可以日行千里（指行动神速）；红军打起仗来胸脯都会走路（指匍匐前进）；红军的战术是波浪式的（指运动战），蒋介石的军队再多也斗不过红军"。

此次战斗后，红二、六军团日夜兼程，直插云南东部。4月，部队佯攻昆明，巧渡金沙江，于7月初到达四川甘孜地区，与红四方面军胜利会师。

1936年10月红军三大主力会师后，毛泽东曾高度评价说："二、六军团在乌蒙山打转转，不要说敌人。连我们也被你们转昏了头。硬是转出来了嘛！出贵州，过乌江，我们一方面军付出了大代价，二、六军团讨了巧，就没有吃亏。你们一万人，走过了还是一万人，没有蚀本，是个了不起的奇迹，是一个大经验，要总结，要大家学。"

刘志丹冤案平反

刘志丹，陕西保安县(今志丹县)人，1903年生。1925年加入中国共产党，是西北红军和根据地的主要创始人之一，曾担任中国工农红军陕甘游击支队总指挥、西北革命军事委员会主席、红十五军团副军团长兼参谋长。为创建陕甘根据地和红军做出了不可磨灭的贡献。刘志丹在陕北名气很大，威望很高，老百姓在“信天游”里唱：正月里来是新年，陕北出了个刘志丹……

可就是这样一位杰出的领导人，却在1935年9月陕甘根据地内部“肃反”中，被当成右倾机会主义的代表人物关押起来，险些丢了性命。当时，新成立的陕甘晋省委执行“左倾”冒险主义路线，鼓吹革命形势进入高潮，红军必须全线出击，攻打延安等城市。而对持不同意见的同志则进行错误的“肃反”，以排除异己，巩固其统治地位。从9月下旬到10月上旬，陕甘苏区许多党政军领导干部被关了起来，200多人在“莫须有”的罪名下含冤死去。刘志丹是在前方指挥作战的时候被秘密逮捕入狱的。大“肃反”搞得人人自危，人心惶惶，很多干部群众非常不满。地主富农乘机挑拨煽动，地方反动势力蠢蠢欲动，以致一些地区出现了投敌“反水”的情况。整个陕甘边区革命根据地和西北红军，陷入极端严重的危机之中。

10月19日，中央红军长征到达陕北吴起镇。刚落脚，就听到当地干部群众反映陕北“肃反”的问题，毛泽东感到非常震惊，意识到问题如果解决不好，中央在陕北将无法立足。11 月 3 日，中央政治局常委会议在甘泉县下寺湾召开，专门听取陕甘晋省委和西北军委的工作汇报。当汇报到“肃反”问题时，毛泽东坐不住了，掐灭还没有吸完的烟头，厉声说道：你们赶快停止逮捕、停止审查、停止杀人，一切等中央解决。陕北红军的战斗力很强，苏维埃政权能够坚持巩固下来，我相信创造这块根据地的同志是党的好干部。你们这样不分青红皂白地胡乱杀人，是要犯大错误的。毛泽东拍了桌子。毛泽东和周恩来等人很关心陕北根据地创始人刘志丹的下落，当听说刘志丹被逮捕，被关押在瓦窑堡，立即下令：“陕北‘肃反’搞错了，要纠正，要快放刘志丹同志。”

随后，中央决定由董必武、王首道、张云逸、李维汉、郭洪涛组成一个五人“常务委员会”（通称“五人小组”），负责审查“肃反”事件。与此同时，派中央保卫局局长王首道带人立即赶往瓦窑堡，接管中共陕甘晋省委保卫局的工作，避免事态进一步恶化。毛泽东不放心，将王首道叫到自己住处，郑重叮嘱道：杀头不能像割韭菜那样，韭菜割了还可以起来，人头落地就长不拢了。如果我们杀错了人，杀了革命的同志，那就是犯罪的行为。大家要记住这一点，要慎重处理。

按照中共中央和毛泽东的意见，王首道等人一到瓦窑堡，首先打开脚镣手铐，把刘志丹等人安排在中央组织部招待所，等待审查结果。针对刘志丹等同志的“右派”“反革命”的“证据”，“五人小组”经过大量艰苦细致的调查走访，确认刘志丹案件纯属冤案。毛泽东在听取“五人小组”的审查情况汇报后，明确指出：逮捕刘志丹等同志是完全错误的，是莫须有的诬陷，是机会主义，是疯狂病，刘志丹同志应予释放。

1935年11月7日，周恩来亲自主持召开为刘志丹等人平反的会议，为刘志丹等一大批被错误审查和处理的同志进行平反。会议指出："过去陕甘晋省委领导反右倾取消主义斗争与坚决肃清反革命右派的斗争，一般的是必要的、正确的；但个别领导同志认为右派在边区南区和红二十六军中，有很大的基础，夸大反革命的力量，在反革命面前表示恐慌，因此在'肃反'斗争中犯了小资产阶级的'极左主义'和疯狂病的严重错误。"王首道代表"五人小组"宣布：刘志丹等同志是无罪的，并且分配工作。根据中央的审查，刘志丹等一批被诬陷、逮捕的同志立即获释。刘志丹很感动，也讲了话，他说：这次"肃反"是错误的，我们相信中央会弄清楚问题，正确处理的。我们也相信犯错误的同志会认识错误、改正错误，团结在中央的周围一道奋斗。

刘志丹等人出狱的消息传出以后，广大军民欢欣鼓舞，奔走相告："老刘得救了！""陕北得救了！"

陕北瓦窑堡刘志丹公祭大会

刘志丹出狱后，周恩来和毛泽东先后亲切接见了他，并询问他的健康情况。毛泽东安慰刘志丹说，你和陕北的同志受委屈了，但对一个革命者来说，坐牢也是一种考验，又是一种休息。毛泽东接着说：陕北这个地方，在历史上是有革命传统的，李自成、张献忠就是从这里闹起革命的。这地方虽穷，但穷则思变，穷就要闹革命嘛！这里群众基础好，地理条件好，搞革命是个好地方！刘志丹听了，欣喜万分，激动地说："是党中央和毛泽东挽救了陕北和我们。中央来了，今后的事情就好办了。"

刘志丹冤案平反，是以毛泽东为核心的中共中央实事求是，敢于直面矛盾，勇于纠正错误的结果，是经得起历史、实践检验的英明决策。刘志丹恢复工作后，曾先后担任西北革命军事委员会后方办事处副主任、红军北路军总指挥、中共中央驻瓦窑堡警备司令、红二十八军军长。1936 年 4 月，刘志丹在山西兴县围攻三交镇的战斗中牺牲。1943 年 4 月，刘志丹烈士陵园在志丹县竣工。毛泽东题词"群众领袖　民族英雄"。周恩来题词："上下五千年，英雄万万千，人民的英雄，要数刘志丹。"

七选长征落脚地

长征落脚地的选择关乎长征的成败，关乎党和红军的生死存亡，关乎中国革命的前途命运。中央红军从 1934 年 10 月撤离苏区开始长征，到 1935 年 10 月落脚陕北，并非一开始就计划好的。长征落脚地的选择，经历了 7 次大的变化，每一次变化都能够审时度势，做出符合实际的抉择，体现了以毛泽东为代表的党中央在极端险恶的战争环境中，灵活机动、独立自主、求真务实的精神。

一选川黔边：长征初期，中央红军原定的前进方向是去湘西，与那里的红二、六军团会合。可湘江之战损失过半，蒋介石又调来五六倍于红军的兵力，在红军前往湘西的路上布下了一个“口袋阵”，等着红军往里钻。毛泽东清醒地分析了形势，主张放弃原计划，转兵西进，向敌人力量薄弱的贵州进发。毛泽东的正确主张得到中央大多数领导人的赞同。红军转兵贵州，第一次跳出敌人包围圈。1934 年 12 月中央政治局会议指出，“过去在湘西创立新的苏维埃根据地的决定，在目前已经是不可能的，并且是不适宜的”，会议决定在川黔边地区建立根据地，作为红军新的落脚点。

二选川西或川西北：1935 年 1 月，蒋介石调集 150 多个团对川黔边地区形成了新的包围圈，形势再度告急。刘伯承、聂荣臻等川籍将领提出“打过长江去，到川西北去建立根据地”的设想。他们提出了 4 条理由：一是有红四方面军的川北根据地可以接应；二是四川是西南首富，人口稠密，经济条件远比黔北好，便于立足就食；三是川北背靠西康，后面没有敌情；四是四川对外交通不便，当地军阀又排外，蒋介石想往四川调兵不易。

1月15日至17日，经过遵义会议讨论，中央采纳了这个建议，一致决定改变原计划，北渡长江，建立川西或川西北根据地。

三选云贵川边：遵义会议后，中央红军积极准备，打算从泸州上游的宜宾附近北渡长江。蒋介石急忙调整部署，一面调集重兵在长江南岸堵击，一面派出部队渡过乌江尾追过来，企图围歼红军于川江南岸地区。同时，蒋介石令40多个团扼守长江北岸，严阵以待，形势的变化使得红军北渡长江变得十分困难。

2月初，党中央果断停止向川西北发展的计划，将红军集中到云南扎西地区进行整编。同时，党中央决定在云贵川三省边境地区创立新的根据地。随后，经过整编的红军二渡赤水，回师遵义，取得了娄山关大捷，打开了黔北的新局面，也为实施创建云贵川边根据地的计划开了一个好头。

四选川西北：1935年二三月间，毛泽东指挥中央红军四渡赤水，在云贵川边的大小山岭间东奔西突，往返穿插，后南渡乌江，把几十万敌军甩在乌江北岸。随后，部队佯攻息烽，前锋逼近贵阳，同时做出东进湘西、与红二、六军团会合的态势。正在贵阳督战的蒋介石急令滇军救驾。红军利用滇军东调增援贵阳之机，乘虚进入云南，渡江北上的时机已经成熟。5月9日，中央红军全部渡过金沙江，彻底跳出了敌人的包围圈。12日，党中央在会理召开政治局扩大会议，决定立即北上，同红四方面军会合，在川西或川西北创建根据地。

五选川陕甘边：1935年5月，中央红军和红四方面军在四川懋功会师。毛泽东综合分析日本侵华的形势，以及川西北地理、经济、人文等不利因素，毅然放弃在川西北建立根据地的计划，认为红军应该北上川陕甘边，建立根据地，把国内战争与民族解放战争有机统一起来。可红四方面军领导人张国焘却认为革命处于低潮，主张南下，向川康边退却。

6 月 26 日，党中央在两河口召开政治局扩大会议，否定了张国焘的错误主张，明确指出："集中主力向北进攻，在运动中大量消灭敌人，首先取得甘肃南部，以创造川陕甘苏区根据地，使中国苏维埃运动放在更巩固、更广大的基础上，以争取中国西北各省以至全中国的胜利。"

六选与苏联接近之地：由于张国焘顽固坚持南下方针，并有分裂和危害党中央的明显意图，在多次说服无效的情况下，毛泽东和党中央带领红一、三军团和军委直属队先行北上。9 月 11 日到达甘南迭部县俄界境内。次日，中央政治局召开扩大会议。鉴于红一、四方面军已经分开，只有红一、三军团的 8000 多人随中央北上，革命力量元气大伤，会议决定改变建立川陕甘根据地的计划，"当前的基本方针，是要经过游击战争，打通同国际的联系，整顿和休养兵力，扩大红军队伍，首先在与苏联接近的地方创造一个根据地，将来向东发展"。

七选陕甘根据地：9 月 18 日，中央红军到达甘南岷县南部的哈达铺休整，党中央从报纸上获悉，刘志丹领导的红二十六军在陕北控制着五六个县，徐海东的红二十五军也有精兵三千，他们已经会合，组成了红十五军团。毛泽东和党中央非常振奋，果断决定改变行动方向，到陕北去，同陕北苏区红军会合。27 日，党中

红一、四方面军在甘肃会宁会师

央在通渭县榜罗镇召开政治局常委会，放弃了打到与苏联接近的地方创建根据地的原定方针，批准了落脚陕甘、在陕北保卫和扩大苏区的战略决策。

于是，红军绕过敌人的封锁，向东北方向疾进。占领通渭县城，越过六盘山，日夜兼程向陕北进发，10 月 19 日到达陕北保安县(今志丹县)吴起镇。不久，与红十五军团会师，结束长征。11 月 20 日至 24 日在直罗镇的伏击战，取得歼敌一个师又一个团的重大胜利，为党中央安家陕北、建立全国革命的大本营举行了一个奠基礼。

抗日战争篇

（1937 年 7 月—1945 年 8 月）

坚持独立自主、实事求是的长征精神在抗日战争时期得到了继承和发扬，以毛泽东为代表的中国共产党人逐步摆脱了苏联和共产国际的影响，形成了坚强有力的第一代领导核心；深刻分析国际国内形势特点，推动形成了抗日民族统一战线；坚持独立自主的政策，紧密地依靠广大人民群众，开展敌后游击战争；紧密联系实际，在抗日根据地建设方面积累了丰富经验。马克思主义中国化的步伐大大加快，最新创新成果——毛泽东思想日臻完善。

《论持久战》成了畅销书

战争年代里，生死存亡是第一位的。一部图书的出版轰动海内外，并不多见，《论持久战》就是一例。

全面抗战爆发前，国民党区传出“中国武器不如人，战必败”的说法。抗战开始后，日本侵略者大举入侵，北平、天津等大城市相继失陷，“再战必亡”的“亡国论”又被提出。这种悲观失望的情绪弥漫开来，也影响到中共党内的一些人。

与此同时，还有一些人幻想依靠外援迅速取胜。1937 年 8 月淞沪会战时，蒋介石集团有一部分人指望英、法、美等国能直接出面干涉，并要求苏联出兵，认为中日战争只要打三个月，国际局势一定会发生变化，苏联一出兵，战争立刻就可以解决。1938 年春，台儿庄战役取得胜利，这些人被胜利冲昏头脑，认为徐州会战就是“准决战”，“是敌人的最后挣扎”，滋生了盲目乐观的情绪。在共产党内，一些人过于看重国民党的 200 万正规军，“速胜论”甚嚣尘上，有人甚至预测顶多 4 年就能打败日本侵略者，对抗日战争的长期性、艰苦性缺乏心理准备。

为了批驳“亡国论”和“速胜论”，廓清人们思想上的迷雾，坚定持久抗战的决心，毛泽东深感有必要总结一下十个月来的抗战经验，指出中国抗战的前途及所应该采取的战略战术。

1938 年 5 月上旬，毛泽东在进行了大量理论研究和实践总结的基础上，集中全党智慧，仅用了不到 10 天时间就完成了 5 万字的军事理论著作《论持久战》。写作期间，毛泽东写到兴头上，曾两天两夜不睡觉，实在睁不开眼，就用冷水洗洗脸，到院子里转一转，或在躺椅上闭目养神，然后继续写。由于劳累过度和精神一直处于高度紧张状态，毛泽东病倒了，头疼、失眠、吃不下饭。医生开了药，要求毛泽东注意休息。毛泽东吃了药，仅休息一天，又继续撰稿。

在《论持久战》中，毛泽东揭示了抗日战争敌我双方的特点：敌强我弱，敌退步、我进步，敌小我大，敌寡助、我多助。这些特点决定了抗日战争是持久战，最后胜利属于中国。

毛泽东提出了持久战必将经过三个阶段："第一个阶段，是敌之战略进攻、我之战略防御的时期。第二个阶段，是敌之战略保守、我之准备反攻的时期。第三个阶段，是我之战略反攻、敌之战略退却的时期。"毛泽东着重指出，第二阶段是整个战争的过渡阶段，"将是中国很痛苦的时期"，"我们要准备付给较长的时间，要熬得过这段艰难的路程"。为了实现持久战的战略意图，毛泽东还提出了一套具体的战略方针，即第一和第二阶段中主动地、灵活地、有计划地执行防御战中的进攻战，持久战中的速决战，内线作战中的外线作战。第三阶段中，应该是战略的反攻战。

在《论持久战》中，毛泽东还强调了"兵民是胜利之本"。他说："武器是战争的重要的因素，但不是决定的因素，决定的因素是人不是物"。"战争的胜利之最深厚的根源，存在于民众之中。"只要动员了全国老百姓，就会创造陷敌于灭顶之灾的汪洋大海，创造弥补武器等缺陷的补救条件，创造克服一切战争困难的前提。

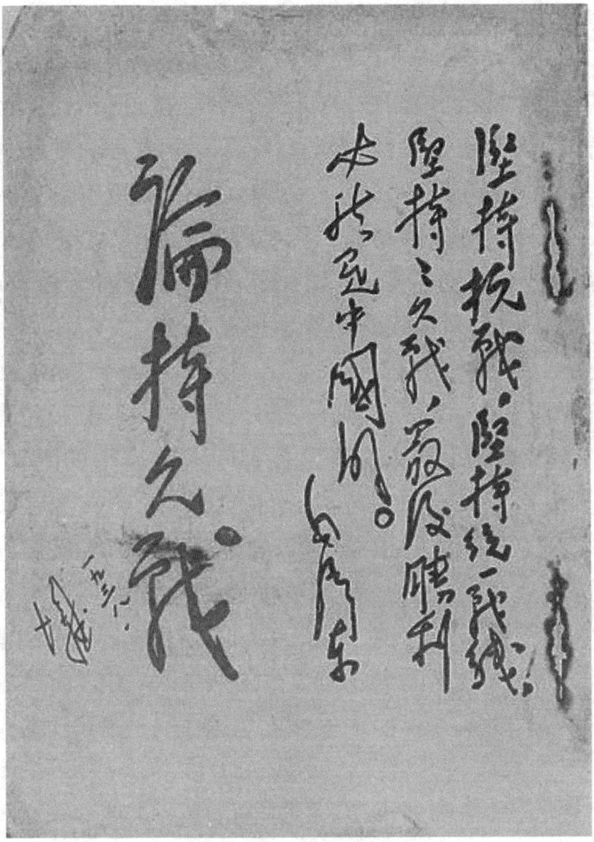

《论持久战》封面

《论持久战》充满着辩证法，高屋建瓴，思想深刻，它科学预见了持久战的三个发展阶段及其特点，系统阐明了持久战的战略方针，成为中国人民打败日本侵略者的强大思想武器。一位外国记者曾评论说："毛泽东正确地分析国内和国际的因素，并且无误地描绘了未来的一般轮廓。"与后来战争的发展完全吻合。

书稿完成后，毛泽东首先在延安抗日战争研究会、抗日军政大学进行讲演。随后，书稿印发党内传阅，引起了强烈反响。不久，《论持久战》正式出版印刷，发行全国，成为轰动一时的畅销书。国民党统治区有人感叹“持久战,人人看!”

《论持久战》的发表在国民党高层引起很大震动。国民党最高统帅部的副总参谋长白崇禧从周恩来手里接过《论持久战》,阅读后深为赞赏,认为这是克敌制胜的最高战略方针。他积极向蒋介石推荐,并得到蒋介石的认同。在蒋介石的支持下,白崇禧把《论持久战》的精神归纳成两句话:“积小胜为大胜,以空间换时间。”同时在征得周恩来的同意后,以国民党军委会的名义通令全国,把《论持久战》作为全国抗战的指导思想。

《论持久战》一面世,周恩来就把书从武汉寄到香港,委托宋庆龄找人翻译成英文,以便在海外发行。毛泽东得知后,特意为英文本写了序言:“希望此书能在英语各国间唤起若干的同情,为了中国的利益,也为了世界的利益。”《论持久战》的英文本在海外发行后,同样得到了国际上的积极响应和高度评价。

《论持久战》蕴含的智慧,连对手也为之折服。日军大本营参谋、陆军中佐山崎重三郎说:“毛泽东的抗日游击战,堪称世界历史上规模最大、质量最高的游击战。它是一种全民总动员的攻势战略,把百万帝国陆军弄得团团转……在中国打败了日本人。”东京大学教授近藤邦康公开宣称:“我很佩服《论持久战》。日本被中国打败是当然的,这样的以哲学为基础的宏远战略眼光,日本没有。”

《论持久战》是毛泽东独立自主、实事求是、艰辛探索的成果,八年抗战的历史完全证实了书中的预言及所揭示的战争规律。由此,《论持久战》成为一部享有世界声誉的经典军事理论著作,和《孙子兵法》一样,这部著作被美国西点军校奉为了必读之书。

王明走下"神坛"

王明，原名陈绍禹，1904 年 5 月生，安徽金寨人，1925 年加入中国共产党，同年秋赴苏联莫斯科中山大学学习和工作，很受共产国际器重，1929 年 4 月回国。1931 年 1 月，他在中共扩大的六届四中全会上得到共产国际执委会远东局负责人米夫的支持，执掌了中共中央最高领导权。同年 10 月，王明再赴苏联莫斯科，任中共驻共产国际代表，指定博古为临时中央负责人。王明及其代理人排斥毛泽东等人的正确意见，执行"左"倾冒险主义路线，统治全党达四年之久，给党和革命事业造成了重大损失。

1937 年 11 月，王明以共产国际"钦差大臣"的身份从苏联回到延安。因中国共产党是共产国际的一个支部，共产国际的权威至高无上，中共中央领导人毛泽东等人前往机场迎接。毛泽东致欢迎词说：欢迎从昆仑山下来的神仙，欢迎我们敬爱的国际同志，欢迎从苏联回来的同志们。你们回延安来是一件大喜事，这就叫作喜从天降。表达了真诚合作的愿望。

王明此次回国负有特殊使命。当时，由于苏联受到德、意、日法西斯战争严重威胁，为了避免两面作战，急需中国成为其抵御日本侵略的东方屏障。斯大林错误地认为，中国共产党的力量还比较弱小，不足以完成这一任务，主张以国民党为中心结成抗日民族统一战线，要对蒋介石、国民党多加迁就和服从，尽量避免发生摩擦。王明就是按照共产国际的指示来指导国共合作的。

而此前，中央政治局洛川会议已经确定了全面抗战路线，以及统一战线中坚持中国共产党的领导权和独立自主的原则，这已被抗战实践证明是正确的。那么,如何冲破共产国际的权威,如何排除王明路线的干扰,独立自主、实事求是地开展统一战线工作就成为摆在全党面前的一个严肃课题。

12 月 9 日至 14 日,中共中央召开政治局会议,王明被增补为中央书记处书记。会上,王明作了长篇报告,大肆攻击统一战线中的独立自主原则,强调“一切经过统一战线”“一切服从统一战线”,主张国共两党建立一支统一的国防军,由蒋介石统一指挥。此外,王明把抗战胜利的希望寄托在国民党政府和军队身上,轻视共产党领导的游击战争的伟大作用,幻想通过国民党军队的正规战、阵地战求得速胜。不久,王明到武汉,担任中共中央长江局书记,继续推行其在统一战线问题上的右倾错误主张,还曾擅自以中共中央名义发表《中共中央对时局的宣言》,强调建立统一的国防军。1938 年 2 月 27 日至 3 月 1 日的中央政治局会议上,王明继续散布自己的政治主张。会后,他还把自己的讲话以《三月政治局会议的总结》为题,在《群众》周刊第 19 期上公开发表,使其错误主张得到进一步传播。

1937 年 12 月,出席延安中央政治局会议的部分人员合影

左起:张闻天、康生、周恩来、凯丰、王明、毛泽东、任弼时、张国焘

由于王明以共产国际代言人自居，又是打着传达共产国际精神的旗号，其主张自然影响了不少人，造成了一定的思想混乱。有些人开始根据王明的观点检查自己的工作得失，承认有观念狭隘和不策略的地方。

尽管王明的错误主张影响了不少人，给统一战线工作带来一些干扰，但从全局来看并没有取得统治地位。因为经过土地革命战争特别是长征考验的中国共产党人已经明白，中国革命的胜利要靠中国同志了解中国情况，共产国际的权威不一定能解决中国问题。王明的那些不符合中国国情的观点在实际工作中因为行不通而遭到抵制，一些人虽然口头上作了自我批评，实际上并没有真正贯彻王明那一套。

为了让共产国际全面真实地了解中国情况，1938 年 3 月，中共中央委派任弼时前往苏联汇报工作。任弼时向共产国际执委会详细介绍了中国抗战形势变化、八路军作战情况、抗日民族统一战线状况、党的状况等，特别指出了国共合作的特点、困难和对策。还单独向共产国际执委会总书记季米特洛夫作了汇报。任弼时的报告使共产国际对中国的实际情况有了较多的了解，对中国共产党有了全新的认识。共产国际做出决议，认为中共一年来建立了抗日统一战线，尤其是朱、毛等领导了八路军，执行了党的新政策，中央的政治路线是正确的，中共在复杂环境及困难条件下真正运用了马列主义，中共在领导机关中要服从毛泽东为首的领导。

7 月初，中共驻共产国际代表王稼祥准备启程回国，传达共产国际最新指示。行前，季米特洛夫专门约请王稼祥、任弼时谈话，郑重地说：应该告诉全党，支持毛泽东同志为中国共产党的领导人，他是在实际斗争中锻炼出来的领袖，其他人如王明，就不要再去争当领导人了。

1938年9月29日至11月6日，中共六届六中全会召开，王稼祥传达共产国际指示，毛泽东作政治报告和会议总结，通过了《政治决议案》，批准了以毛泽东为代表的中央政治局的路线，批判了在统一战线问题上只讲联合、不讲斗争的迁就主义和那种把抗战胜利的希望寄托于国民党军队、把人民的命运寄托于国统区合法运动的错误，提出了反对教条主义，把马克思主义中国化的科学论断。至此，自抗战爆发以来影响统一战线发展的王明右倾机会主义错误基本得到了纠正。

会后，中共中央长江局撤销，王明改任中共中央统战部部长、中央妇女运动委员会主任等职。随着抗日民族统一战线的发展和全民抗日战争的推进，王明错误的负面影响逐步得以消除，王明走下"神坛"，逐渐淡出了中共中央领导层。

毛泽东挨骂之后

大型音乐史诗《东方红》中一首《军民大生产》唱到:“解放区呀么嗬咳/大生产呀么嗬咳/军队和人民/西里里里/嚓啦啦啦/嗦啰啰啰太/齐动员呀么嗬咳……”反映了抗日战争时期陕甘宁边区大生产运动的热烈场面。但很少有人知道,它与一次鲜为人知的调查分不开。而这次调查,却缘于群众对毛泽东的一句骂声。

故事还得从1940年说起。

1940年秋,国民党顽固派发动反共摩擦,停发八路军军饷,并对我陕甘宁边区实行经济封锁,边区外援全部断绝,加上边区遭受严重的自然灾害,农业生产受到极大影响,各地粮食供应普遍吃紧。为了保证部队和机关学校正常运转,中共中央和边区政府经过再三研究,决定1941年征粮20万担,比1940年增加一倍多。群众深感负担过重,怨声载道。

1941年6月3日,陕甘宁边区政府在延安杨家岭小礼堂召开边区各县县长联席会议,讨论征粮工作。那天下着大雨,正开会的时候,突然一个炸雷,击断了礼堂里的一根木柱,坐在旁边的延川县代县长李彩云遭雷击身亡。

消息传来,人们议论纷纷。一位赶集的农民埋怨道:“老天爷不开眼,怎么把县长劈死了,雷公为什么没有把毛泽东打死呢?”

说者无心,听者有意。消息很快被传到延安保卫部门。有人要把这件事当作反革命事件来追查,逮捕法办这个胆敢咒骂人民领袖的农民，以消除不良影响。

毛泽东从警卫员口中知道了这件事，立即加以阻止。这位农民的话引起了毛泽东的深思：一个农民为什么会说出这样的话来，我们工作中到底存在什么问题呢？他对保卫部门的同志说："群众发牢骚，有意见，说明我们的政策和工作有毛病。不要一听到群众有议论，尤其是尖锐一点的议论，就去追查，就要立案，进行打击压制。"

1939 年，毛泽东在延安杨家岭与农民交谈

不久，在陕甘宁边区的清涧县农村又发生了一起类似的事情。

农妇伍兰花的丈夫在山上耕地时，不幸遭雷击身亡。伍兰花上有 70 多岁婆婆瘫痪在床，下有三个 10 岁以下的孩子嗷嗷待哺，家庭负担很重。一天，村长过来催缴公粮，她气愤不过，大骂"世道不好""共产党黑暗"。村长很震惊："你敢骂共产党？"女人干脆撒起泼来："我不但要骂共产党，还骂毛泽东，前两天打雷，咋不把他打死呢？"

中央社会调查部闻讯后，立即把伍兰花拘押到延安，要严肃处理。毛泽东得知此事，立即警觉起来。他让中央军委总部保卫部部长钱益民把伍兰花带来，当面了解情况。在会客室里，经过仔细询问，毛泽东得知了事情的原委：伍兰花原来生活贫困，共产党来后分了地，头两年还好，粮食吃不完。“这两年，粮食减产，自己都不够吃了。村里都不管咱们的死活了，要公粮还骂人，连老娘也骂哩！”

毛泽东又把钱益民叫进来，当面嘱咐说：“把这个妇女马上放回去，还要派专人护送她回家。要向当地政府当面讲清楚，她没有什么罪过，是个敢讲真话的好人。她家困难多，当地政府要特别照顾。对于清涧县群众的公粮负担问题，边区政府要认真调查研究解决。我们决不能搞国民党反动派那一套，不管老百姓的死活！”

毛泽东两次挨骂，虽然只是个案，但反映了一定的社会情绪。群众有怨言怎么办？没有调查就没有发言权。9月24日到11月25日，中共中央西北局宣传部部长李卓然率调查组来到距延安城100多公里的固临县，挨家挨户深入了解情况，最后形成了十几万字的《固临调查》一书。书中明确指出，农民怨气产生的主要原因是征收公粮负担过重。征收公粮负担过重的一个重要原因是人口的急剧增加。1937年平型关大捷之后，大批爱国青年从国统区来到延安，边区脱产人员从1937年的14000人一下上升到1941年的73000人。“这些情形如不改变，则要进一步深入与加强我们的工作是不可能的。”

面对严峻形势，结合《固临调查》的情况，中共中央和毛泽东决定采取果断措施扭转困难局面。

一是开源：提出了“发展经济，保障供给”的财经工作总方针，号召根据地军民自力更生、克服困难，开展大生产运动。大生产的成绩出人意料，1941 年征收的公粮数量，由原来的 20 万石减到 16 万石。到 1943 年，陕甘宁边区的生产自给率就达到了 100%，不再需要征收公粮了。

二是节流：接受开明绅士李鼎铭等人关于“精兵简政”的提案建议，要求各根据地各级组织机构的全部脱产人数不超过甚至少于居民总数的 3%。经过精简，裁减了大量财政供养人员，提高了工作人员的素质和工作效率，花费大大减少。

开展大生产运动和精兵简政以后，陕甘宁边区群众的公粮负担迅速得到缓解。更重要的是，群众的骂声没有了，怨气也消解了。

现在看来，虽然大生产运动和“精兵简政”最早是由两起“雷击事件”引发的，有一定的偶然性，但这是毛泽东和中共中央一贯坚持独立自主、实事求是思想路线的必然结果。毛泽东后来回忆说：“那年边区政府开会时打雷，把李县长打死了，有人就说，哎呀，雷公为什么没有把毛泽东打死呢？我调查了一番，其原因只有一个，就是征公粮太多，有些老百姓不高兴。那时确实征公粮太多，要不要反省一下研究研究政策呢？要！从 1921 年共产党产生，到 1942 年陕甘宁边区开高干会，我们还没有学会搞经济工作。没有学会，要学一下吧！不然雷公真要打死人。”

皖南事变的应对策略

1941年1月，新四军军部及所属皖南部队9000余人奉命北移，从云岭驻地出发绕道前行，当行至泾县茂林一带，突遭国民党军7个师8万余人的包围袭击。新四军苦战7个昼夜，弹尽粮绝，除2000余人突围外，大部分壮烈牺牲、失散或被俘，军长叶挺被无理扣押，副军长项英被叛徒杀害，酿成皖南事变。事后，蒋介石反诬新四军为叛军，宣布取消其番号，将叶挺交付军事法庭审判。至此，抗战时期国民党顽固派掀起的第二次反共高潮达到顶点，国共合作的抗日民族统一战线走到全面破裂的边缘。

如何科学应对这一突发事件，化解可能引发的大规模内战的危机，考验着中国共产党人的政治智慧。

皖南事变发生之初，为了回击蒋介石的围歼计划和帮助皖南新四军解围，中共中央曾考虑在苏北包围国民党韩德勤部，在山东包围国民党沈鸿烈部，如皖南部队被蒋介石消灭，应坚决、彻底、干净地消灭韩德勤部、沈鸿烈部，彻底解决华中问题。皖南事变发生后，毛泽东怒不可遏，曾电告周恩来、刘少奇等："只有猛烈坚决的全面反攻，方能打退蒋介石的挑衅与进攻，必须不怕决裂，猛烈反击之，我们的温和态度须立即终结。"

然而，经过冷静分析，周恩来和刘少奇分别提出了自己的看法。周恩来指出：时局发展有两种可能：一是国共合作完全破裂；二是国民党不敢全面反共，在经过我们的斗争以后，两党还继续维持抗日合作的关系。建议要向最坏的方向做准备，但要争取最好的结果。刘少奇则指出，就全国局面，国民党尚未投降，仍在继续抗战，对中国共产党仍不敢分裂。在华中地区，敌伪匪趁机向我进攻，我部队需要休整，根据地需要巩固，韩德勤所在地区均系水网地带，易守难攻。因此建议："以在全国主要的实行政治上的全面大反攻，但在军事上除个别地区之外，以暂时不实行反攻为妥。"

经过反复权衡，综合考虑国际、国内各方面的复杂因素，中共中央最终采纳了周恩来、刘少奇的意见，改变了原来拟定的政治上、军事上反攻并举的方针，确定了"政治上取全面攻势，军事上暂时仍取守势"的方针和"有理、有利、有节"的斗争策略。

为了回击蒋介石取消新四军番号，中共中央军委发布重建新四军军部的命令，任命陈毅为新四军代理军长。新军部在苏北盐城成立。毛泽东以中共中央军委发言人名义对新华社记者发表谈话，全面、系统、深刻地揭露了皖南事变的真相，提出停止挑衅、惩办皖南事变祸首、释放叶挺，交还皖南新四军全部人枪、废除一党专政等 12 项要求。

接着，各地都发起了凌厉的政治攻势。西北、华北、华中各根据地军民纷纷举行集会，发表通电，愤怒声讨国民党顽固派的罪恶行径。《新中华报》陆续登载中共中央关于皖南事变的指示、谈话和新四军将领声讨亲日派的通电、社论等。在国统区，针对国民党利用御用的报纸和电台制造谣言，混淆视听，周恩来为《新华日报》题词："为江南死国难者志哀！""千古奇冤，江南一叶；同室操戈，相煎何急！?"将皖南事变的真相公之于世。周恩来领导的中共南方局除安排专门人员准备材料，通过种种途径送给各国新闻媒体驻重庆的记者外，周恩来还先后会见了苏联驻华大使潘友新、大使馆武官兼驻华军事总顾问崔可夫将军、英国驻华大使卡尔和美国总统罗斯福的代表居里，向他们提供了国民党制造摩擦的若干材料。

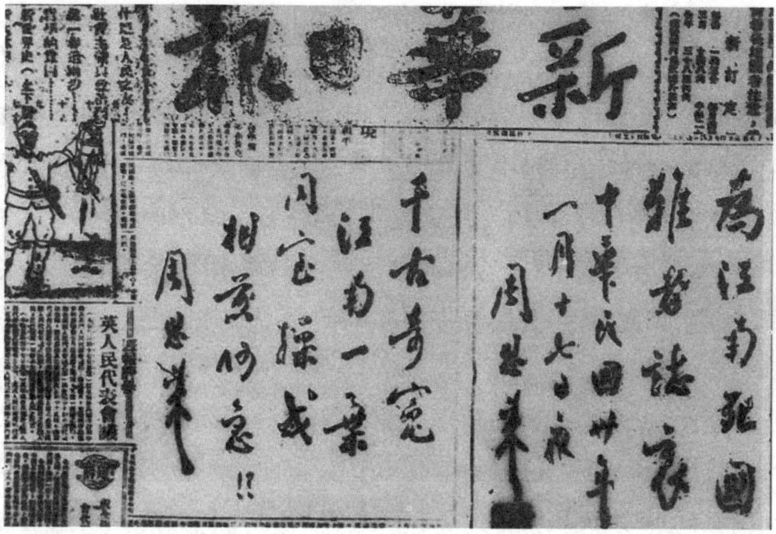

新華日報

為江南死國難者誌哀
中華民國卅年一月十七日夜
周恩來

千古奇冤
江南一葉
同室操戈
相煎何急!!
周恩來

1941 年 1 月，周恩来在重庆《新华日报》上发表题词揭露皖南事变真相

皖南事变真相的公布在国内外引起了强烈反响。国民党左派宋庆龄、何香凝、柳亚子、彭泽民等在香港发起抗议运动，3 次致电蒋介石，反对“围剿”新四军。冯玉祥、陈诚、胡宗南、张治中、汤恩伯等一批重要将领均不支持蒋介石。海外侨胞陈嘉庚等痛斥国民党倒行逆施，呼吁“停止内战，加强团结”。国际上，苏、美、英等国也对国民党制造事端，损害抗战利益表示极大不满。国内外正义舆论对国民党形成一股强大压力，使蒋介石在政治上陷入了空前孤立的境地。

为了摆脱困境，国民党当局决定于 3 月 1 日在陪都重庆召开第二届国民参政会，缓解一下国共关系。中共方面的参政员是否出席会议成为社会各界关注的焦点。蒋介石既要中共参政员出席会议，又不肯接受中共提出的解决皖南事变问题的 12 条要求，双方陷入僵局。蒋介石的联络人张冲再三找周恩来做工作，向周恩来“苦苦哀求”，甚至不惜“为了国家”跪下恳求中共收回“12 条”。毛泽东致电周恩来指出：你们关于蒋介石“如不实行 12 条，不能恢复谈判，这个态度是完全正确的”。除非他实行 12 条，我们没有和他谈判的余地。最终，中共参政员拒绝出席会议，再一次挫败了蒋介石的政治阴谋。在内外压力之下，蒋介石不得不收敛其反共气焰，在参政会上表示“以后再亦绝无剿共的军事”。会后又主动邀请周恩来见面谈话，答应解决国共间的一些具体问题。国共关系开始趋向缓和。

至此，以皖南事变为顶点的第二次反共高潮被打退。中国共产党既维护了抗战大局，又争取了政治上的主动，既遏制了国民党顽固派的进攻，又赢得了道义和民心，彰显了中国共产党人独立自主、实事求是地化解国共关系危机，驾驭复杂形势的政治智慧和水平。毛泽东曾指出：“这次斗争表现了国民党地位的降低和共产党地位的提高，形成了国共力量对比发生某种变化的关键。”

皖江根据地的"经济特区"

抗战时期，在全国19个根据地中，新四军第七师开辟的皖江根据地最富裕，吃喝不愁，还经常以钱、粮和军用物资支援新四军军部和其他兄弟部队。当时新四军里流传着一首打油诗："七师小弟弟，吃穿无忧虑，钱多粮又足，抗战乐悠悠！"

为什么能够取得如此骄人的成绩？这与中共皖江区委解放思想、实事求是，制定并实施了对外开放的经济政策有关。其中，在无为东乡汤家沟镇设立商行、发展贸易、招商引资，发挥了最为积极的作用。汤家沟镇俨然成了皖江抗日根据地的"经济特区"。

1941年，日军实施以战养战的方针，加紧对中国的经济掠夺。皖江抗日根据地遭到经济封锁，食盐、布匹等生活必需品短缺，军需用品供应困难。到1943年，经过多次反"扫荡"和反顽斗争，生产和生活受到严重破坏，部队供给一度十分紧张。为了渡过难关，皖江区党委决定采纳皖江行署财经处副处长兼贸易总局局长蔡辉提出的七条应对措施。其中第六条就是：建立汤家沟镇自由贸易区，以长江航运为载体，以我为主，与敌、顽区开展大规模的三边特种贸易，"以出养进"，以迅速增加根据地的财力和大批量进口所需军用物资和民用工业品。

可在当时，与敌人进行货物贸易颇为敏感。在一次会议上，有人公开反对说："把根据地的粮油等物资卖到敌占区，事实上就是帮助敌人打自己人，是通敌卖国，是汉奸行为，千万不能这么干！"

也有人觉得跟敌人做生意，自己获得的好处会多些，但害怕将来万一组织上追究起来，自己说不清楚。

皖江区党委书记兼七师政委曾希圣听了大家的发言，却不以为然。他沉思片刻，扬起手来分析道："如果拒绝了这种贸易，敌人还是可以通过其他渠道进行贸易，或进行直接掠夺来获得粮食，而根据地要获得敌人严密封锁的统制物资，却是十分困难的，有时还要付出沉重的代价。与其这样，我们不如争取主动，与日伪进行一场特殊形式的经济斗争。"曾希圣最后坚定地说："大家不要怕，有什么风险，我担着！"

1945 年，曾希圣（右 2）在皖江根据地与战友合影

蔡辉真是一个做生意的"奇才"。他首先通过在上海经商的亲友盛慕莱、蔡志锷、朱玉龙等人筹资，购买根据地所需的货物，运到汤家沟销售后，再以现金或实物结算；又通过他们联络了上海、苏南、皖南的一批商人，按先交货后结算的方式，到汤家沟交易。

为了进一步增强汤家沟镇自由贸易区的吸引力、辐射力和带动力，皖江贸易总局实行粮食贸易管制和垄断经营，使得芜湖米市粮价暴涨，带动南京、上海粮价暴升。我方则以汤家沟为主要交易中心，安排大量粮食出口。由于买卖公平、信用可靠，短短两三个月，就吸引了大批大江南北的商人秘密云集汤家沟，各类商行、大批易货进口的工业品纷至沓来，米行、盐行、五金行、百货行、客栈、食府、钱庄、豆腐店、肉店、山货行、中药店，纷纷开张，各类手工业作坊应运而生，几华里长的集市二三百家各类商铺林立，仅粮行就多达10余家，常住人员也从二三百增至三千余人。内江千帆林立，码头昼夜繁忙，白天人头攒动，夜间灯火辉煌，出现了"路不拾遗、夜不闭户"的太平盛世景象，被誉为"小上海"。

汤家沟的生意一天天火爆起来。为了掌握对外贸易的主动权，贸易总局在汤家沟开设"集成商行"，进口军用物资；利用民间资本开办"裕民商行"进口民用物资；盐由国营"利民盐号"批发供应，以平抑盐价。接着，又相继成立了"仁和饭店""舒六饭店""大江银行汤家沟分行""大江银行永丰钱庄"等公营服务企业，为过埠客商提供食宿、结算服务。特别是两家饭店，虽然都是茅屋平房，但是打扫得干干净净，还专门高薪聘请了江南名厨师，烧得一手好菜，而且服务热情周到，给人宾至如归的感觉，让南来北往的客商流连忘返。

1943年冬，因我方把守通往芜湖、南京的各渡口，封锁粮食出口，专为汪伪政权采购军粮的"总力社芜湖分社"社长汪子东收不到军粮，难以向日军交差，焦虑不安。蔡辉得到消息，立即通过关系，约他进行谈判。一个深夜，蔡辉与汪子东在汤家沟、芜湖之间的长江中心彻夜秘谈，达成了秘密交易协议：汪子东为根据地采办以下三类物资，根据地以粮食支付。第一类是军火物资，如黄色炸药、雷管、机枪、收发报机等，占总额的30%。第二类是统制物资，如钢材、铜材、五金、工具和机床等，也占30%。第三类是一般物资，如食盐、火柴、电池、药品、杂货等，占40%。根据地结算时，主要的支付手段是以粮食和山货作价。

秘密交易达成后，根据地的贸易状况大为改善。我方往来敌伪区的各类货物、军需品和人员，在敌伪的“保护下”多可畅通无阻，实际上打破了敌伪对我根据地的封锁。由于害怕失去“粮源”和军事上双方实力对比的变化，1944年以后，敌伪军已不敢轻易大举进犯我皖江根据地，汤家沟更成为敌伪军实际上不进犯的“禁区”。

汤家沟自由贸易区的建立极大地促进了根据地的经济发展。据史料统计，汤家沟开埠以后，新四军第七师上缴军部的资金呈跳跃式增长，1942年、1943年向军部上缴军费940万元，还送去医药、布匹、银圆等大批物资。自身生活也显著改善，吃的是白米饭，穿的是洋布军服。

新四军第七师赢得了“富七师”的美誉。

罗荣桓纠正湖西“肃托”

1939年10月，八路军一一五师政治委员罗荣桓率领部队由鲁西向鲁南转移，途中接到电报，称湖西边区（山东微山湖以西的苏鲁豫边区）正在搞“肃托”，被关押的党员、干部达数百人，约300人被无辜杀害。苏鲁豫支队副支队长兼四大队队长梁兴初提出不同意见，也被当作“托匪”抓了起来。

所谓“肃托”，即肃清托派。托派，原是苏联共产党中以托洛茨基为首的一个反对列宁主义的派别。托洛茨基被开除党籍、驱逐出境后在国外指使一些托派分子进行反苏活动。当年，苏联开展大规模反托斗争，许多人被当作托派而遭到杀害。抗战期间，托派在中国并无统一的组织。可王明和康生从苏联一回国，便照搬苏联模式，把“托派”当成“汉奸”，大肆鼓吹“肃托”，滥杀无辜，恶劣影响波及全党。

湖西“肃托”的主要领导者是湖边地委组织部长王须仁和湖西区军政委员会主席王凤鸣。两人以“肃托”名义，大搞宗派主义活动，对提不同意者随意刑讯逼供，将四大队的营连干部一个一个投进监狱。

罗荣桓接到电报后，立即回电王凤鸣，要求立刻停止捕人杀人，所有被押人员一律不得处决，要等他到达湖西后再作处理。然后，抽调一支警卫部队，还把师保卫部的干部几乎全部带上，马不停蹄，星夜兼程，赶往湖西。随行的还有中共中央山东分局书记郭洪涛、八路军山东纵队指挥张经武。

1943 年春,罗荣桓(左 2)在山东抗日战场

罗荣桓一行到达湖西,把保卫部的干部分为两组,立即深入下去,访问群众、干部和被害人员家属,调查事件真相。同时,立即派人通知王凤鸣前来汇报。

王凤鸣一跨进门,就看到罗荣桓双眉紧锁,从眼镜后面射出愤怒的目光。他不由得打了一个寒颤,慌忙敬了个军礼。他拿出一沓事先准备好的材料,振振有词地汇报"肃托"取得的初步胜利。

罗荣桓实在听不下去了,便打断他的话,冷冷地问:"你为什么把梁兴初抓起来?"

"他是托派,和徐州敌人有勾结。"王凤鸣理直气壮地回答。

"有什么证据?"罗荣桓追问。

王凤鸣举起手里的材料:"有别人的口供。"

"这口供是怎样弄来的?"罗荣桓板起脸来,不等王凤鸣回答又进一步追问:"你打人了没有?有没有逼供?有没有用刑?"

面对罗荣桓一连串的提问,王凤鸣慌了,乱了方寸,不得不吞吞吐吐地承认审讯的时候用了一些"手段"。

罗荣桓勃然大怒:"用刑罚逼出来的口供,算什么根据!如果别人的历史你不了解，梁兴初的情况你还不知道吗！他爬过雪山、走过草地，身上负了十几次伤，怎么会成为反革命?!”

王凤鸣还想狡辩。罗荣桓一拳擂在桌子上，起身呵斥道：“你抓了那么多人，杀了那么多人，既不请示，又不报告，你无法无天到什么地步！我要不是带着部队来，我看你也会把我抓起来。”

王凤鸣无言以对，呆呆地瘫坐在椅子上。

住在单人牢房里的苏鲁豫支队独立大队政委郭影秋，前几天被审讯时，审讯者拿着一张纸在郭面前摇晃，说是山东分局发来电报，苏鲁豫皖边区省委统战部部长郭子化已经交代自己是托派了，而且供出你是托派。郭影秋只好说：“我是由郭子化介绍入党的。既然他是托派，那我只好承认我也是。”

罗荣桓到达湖西的当天下午再次提审郭影秋。

被捆住双手的郭影秋由保卫部门的人领着，来到一个四合院的西屋内。他抬头一看，对面桌后出现了几个陌生的面孔。

中间坐着的那个人招呼他坐下，并令人给他解开了绑绳。问道：“你叫什么名字?”

“我叫郭影秋。”

“你认为肃托怎么样?”

“我认为肃托是正确的，可我是被冤枉的。”

“是谁冤枉了你?”

“是郭子化。”

“郭子化怎么会冤枉你呢?”

郭影秋委屈地说：“郭子化在山东分局自首，承认自己是托匪，而且还供出我也是托匪。可是，我不是……”

“郭子化自首，还供出了你，你是怎么知道的?”

“审讯我的人说是分局来了电报。”

“岂有此理!”

中间那人气得站了起来，浑身发抖。稍微平静了一下情绪，他轻声地说：“郭影秋同志，我不是来审讯的。分局根本没有发过那样的电报，郭子化同志也从来没有自首过，这完全是捏造！”

他走到郭影秋面前自我介绍说：“我是罗荣桓。”又指指身旁的两位干部说：“这位是张经武同志，这位是郭洪涛同志。郭子化同志也来了，你停一会就会看到他。”

罗荣桓决定立即释放郭影秋。郭影秋一听，泪如雨下，激动得一句话也说不出来。

罗荣桓一直惦记着梁兴初的安危。

罗荣桓和郭洪涛径直来到囚禁梁兴初的牢房。衣衫褴褛、面容憔悴的梁兴初，看到罗政委走进来，立即扑上前去，紧紧抓住罗荣桓的双手，泣不成声地说：“罗政委啊，您再晚来一步，我们就见不到您了！”

罗荣桓搀扶他坐下，仔细察看他的刑伤，愤慨地说：“这简直是犯罪！”他向梁兴初问了一些情况，勉励他打起精神，好好工作。

经过深入调查，罗荣桓和郭洪涛一致认为，湖西“肃托”是靠逼供搞起来的，基本事实确定无疑。事已至此，已经没有必要再逐一甄别了。罗荣桓决定快刀斩乱麻，无条件释放一切被关押的同志，让他们尽快返回原岗位，恢复工作。

几百名“囚犯”一下子自由了，人们很难掩饰激动的心情。

不久，王须仁畏罪自杀。王凤鸣自知罪恶深重，连夜逃跑投敌，当了汉奸。

罗荣桓坚持实事求是，注重调查研究，以果断的措施，纠正湖西“肃托”，被传为佳话。

解放战争篇

（1945年8月—1949年9月）

坚持独立自主、实事求是的长征精神在解放战争时期继续得到传承和弘扬，以毛泽东为代表的中国共产党人紧密联系中国的国情特点，准确把握人民战争的客观规律，科学应对复杂多变的战争形势，在深入调查研究的基础上，采取了一系列行之有效的战略战术，运筹帷幄，决胜千里，大大加快了中国革命胜利的进程。党的团结得到加强，党的领导更加成熟。在革命实践的反复检验中，毛泽东思想得到进一步丰富和发展。

假戏真做的重庆谈判

1945年8月底，毛泽东在重庆与蒋介石进行国共和谈期间，曾拜访中国民主同盟主席张澜。张澜很担心毛泽东的安全，说："蒋介石在演鸿门宴，他哪里会顾得上一点信义！前几年我告诉他：'只有实行民主，中国才有希望'。他竟威胁我说，'只有共产党，才讲实行民主'。现在国内外形势一变，他也喊起'民主''民主'来了！"毛泽东说："民主也成了蒋介石的时髦货！他要演民主的假戏，我们就来他一个假戏真做，让全国人民当观众，看出真假，分出是非，这场戏也就大有价值了。"

"假戏"能否演变成争取和平民主的"真戏"？作为导演者的中共中央和毛泽东，胆略和智慧至关重要。

故事还要从抗日战争刚刚结束说起。当时，全国人民还沉浸在胜利的喜悦之中，国民党蒋介石集团就开始策划打内战了。但是发动全面内战时机不成熟。在国内，刚经过八年抗战，全国人民要和平的呼声强烈。在国际上，美、英、苏等国不支持。而对蒋介石说来，更大的困难在于需要时间将他的精锐主力从西南、西北地区运送到内战前线。为了欺骗舆论，争取时间，蒋介石在1945年8月14日、20日、23日连续三次致电邀请毛泽东到重庆举行和平谈判。

蒋介石的如意算盘是：如果毛泽东拒绝到重庆来，就给共产党安上拒绝谈判、蓄意内战的罪名，把战争的责任推到共产党身上，(蒋介石估计毛泽东是不敢冒险来重庆的)；如果毛泽东来了，就给共产党几个内阁职位，迫使共产党交出解放区和军队。至少可以用谈判来取得自己调兵遣将所必需的时间。

接到蒋介石的电报后，中共中央政治局连续召开会议研究对策。对蒋介石玩弄的和平把戏，毛泽东一眼洞穿："蒋介石想消灭共产党的方针没有改变也不会改变。"但是，为了争取和平民主的前途，揭穿蒋介石假和平的阴谋，会议果断决定毛泽东赴重庆谈判。毛泽东明确表示，"可以去，必须去"，"这样可以取得全部主动权"。他说："由于有我们的力量、全国的人心、蒋介石自己的困难、外国的干涉四个条件，这次去是可以解决一些问题的。"

有人担心，出去谈判会不会造成"城下之盟"的局势？毛泽东说："签字之手在我。自然必须做一定的让步，在不伤害双方根本利益的条件下才能得到妥协。"他设想了可以做出让步的限度：第一步是让出广东至河南；第二步是江南；第三步是江北；但"陇海路以北迄外蒙古一定要我们占优势"。如果这样还不行，"那么城下就不盟，准备坐班房"。

在做好充分准备后，8 月 28 日，在国民政府军事委员会政治部部长张治中、美国驻华大使赫尔利的陪同下，毛泽东和周恩来、王若飞从延安飞抵重庆。毛泽东在机场向记者发表书面谈话："现在抗日战争已经胜利结束，中国即将进入和平建设时期，当前时机极为重要。目前最迫切者，为保证国内和平，实施民主政治，巩固国内团结。"

毛泽东来到重庆，在社会上激起了巨大的反响。《新华日报》上发表了读者胡其瑞等四人的来信说："毛泽东先生应蒋主席的邀请，毅然来渝，使我们过去所听到的对中国共产党的一切诬词和误解，完全粉碎了。毛先生来渝，证明了中共为和平、团结与民主而奋斗的诚意和决心，这的确反映和代表了我们老百姓的要求。"

由于国民党对这次谈判并没有诚意，也没有估计到毛泽东真会这样快地应邀来到重庆，所以他们根本没有准备好谈判方案，只能由中国共产党方面先提出意见。

毛泽东提出了包括召开由各党各派和无党派人士代表参加的

政治会议、予各党派以合法地位、释放一切政治犯、承认解放区及一切收复区内的民选政权、中共军队须改编为四十八个师等八点原则性意见。可谈判前6天,国民党方面毫无准备。有人说"只见中共意见,不见政府意见"。

毛泽东同蒋介石进行了多次会谈。最终,双方于10月10日签订了《国民政府与中共代表会谈纪要》(通常称作《双十协定》),并公开发表。国民党承认和平建国方针,同意长期合作,避免内战,建设独立、自由和富强的新中国,同意召开由各党派人士参加的政治会议。重庆国共谈判取得积极成果,就此告一段落。1945年10月11日,毛泽东在张治中和周恩来、王若飞的陪同下从重庆乘飞机回到延安。

重庆谈判期间,
毛泽东(前排右1)与蒋介石(前排右2)等人合影

毛泽东在重庆的43天中，除主持谈判外，还会见了政界、军界、经济界、妇女界、文化界中具有各种倾向的代表人物，会见了几个国家的驻华使节，会见了中外记者。毛泽东向他们介绍中国共产党的和平建国主张和解放区建设的实际情况，赢得了国际舆论和国内中间派的同情，赢得了社会各界的广泛理解和支持。

果真如毛泽东期望的那样，重庆谈判以国民党方面的假戏开场，在共产党和毛泽东的精心导演下变成了一出争取和平民主、争取民心向背的“大戏”，引起了社会各界的良好反响。之所以有如此结局，关键是以毛泽东为首的中共中央坚持独立自主、实事求是的精神，综合分析国内外形势新动态，科学预判国内政局可能发生的新变化，准确把握国共双方优势和劣势新特征，深谋远虑、运筹帷幄、适时引导，变不利为有利，化被动为主动，最终赢得了全国观众的支持。至于1946年6月蒋介石违背《双十协定》，发动全面内战，自然就是背信弃义，自然遭到全国人民的唾骂。

毛泽东戏说“纸老虎”

1946 年 6 月，以国民党军队进攻中原解放区为标志，全面内战爆发。当时，国民党军有 430 万正规部队，装备先进，武器精良，有美国的强大外援，同时控制着全国几乎所有的大城市和主要交通干线，控制着全国近八成面积的国土和 3 亿多人口。而中国共产党方面仅拥有军队 127 万，装备较差，占据偏远地区，经济基础薄弱。蒋介石对消灭共产党的军队信心十足。在一次会议上，他得意洋洋地告诉部下：我们有空军、海军，还有重武器和特种兵，他们绝对没有，我们一定能速战速决。

战争是敌对双方实力的较量。面对国共双方如此悬殊的力量对比，面对国民党军来势汹汹的猛烈进攻，中共内部许多人对能否取得战争的胜利存在怀疑和种种顾虑。可是，中共中央主席毛泽东并不这么看。

8 月 6 日下午 3 时许，延安杨家岭雨过天晴。毛泽东在自己居住的窑洞前的一棵苹果树下的石桌旁，会见了第五次到访中国的美国进步作家、记者安娜·路易斯·斯特朗。陪同会见的，一个是中共中央宣传部长陆定一，一个是长期在延安工作的美国医生马海德，马海德担任临时翻译工作。

那天，为了表示对客人的尊重，毛泽东特意穿了件稍好的蓝布衣服，显得十分礼貌和自信。主客间谈话很随意，毛泽东先向斯特朗询问了许多美国国内的情况，斯特朗发现毛泽东对美国发生的事有许多知道得比自己还详细，惊奇地笑着说：“你比我还了解美国嘛。”毛泽东笑而不答。双方继续交流对中国内战前途的看法，话题由国内形势转到国际形势。毛泽东对斯特朗提出的美国是否可能进行反苏战争的问题做了比较深入和系统的回答。

斯特朗话锋一转，向毛泽东提出这样一个问题：“如果美国使用原子炸弹呢？如果美国从冰岛、冲绳岛以及中国的基地轰炸苏联呢？”美国曾用原子弹轰炸日本广岛、长崎，造成了日本的灭顶之灾，加速了日本法西斯的覆灭，人们记忆犹新。

毛泽东淡然一笑，自信地回答说：“原子弹是美国反动派用来吓人的一只纸老虎，看样子可怕，实际上并不可怕。原子弹是一种可以大规模屠杀的武器，但是决定战争胜败的是人民，而不是一两件新式武器。”毛泽东进一步解释道：“一切反动派都是纸老虎。看起来，反动派的样子是可怕的，但是实际上并没有什么了不起的力量。从长远的观点看问题，真正强大的力量不属于反动派，而是属于人民。”

1947 年 5 月上海出版的《文萃》

第 6 辑译载了毛泽东与斯特朗的谈话

毛泽东反复提到“纸老虎”一词，把在一旁担任翻译的马海德医生闹懵了，一时不知道怎么翻译才好。他灵机一动，根据自己的理解，把“纸老虎”一词意译成“稻草人”。可斯特朗又听不明白了，脸上显露出迷惑的神情。毛泽东忙请斯特朗解释英文中“稻草人”是何意思。听了斯特朗的解释后，毛泽东摇了摇头，告诉斯特朗，他所说的“纸老虎”，不是插在田地里用来驱赶麻雀和吓唬小孩子的稻草人，而是样子看起来像只可怕的真老虎，但实际上是纸糊的，一受潮它就发软，一下雨雨水就会把它冲跑。

毛泽东的解释，逗得在场的人哈哈大笑。毛泽东继续使用“纸老虎”这个词说：“在 1917 年俄国二月革命以前，俄国国内究竟哪一方面拥有真正的力量呢？从表面上看，当时的沙皇是有力量的，但是二月革命的一阵风就把他吹走了。归根结底，俄国的力量是在工农兵苏维埃这方面。沙皇不过是一只纸老虎。”毛泽东接着说：“希特勒不是曾经被人们看作很有力量的吗？但是历史证明了他是一只纸老虎。墨索里尼也是如此，日本帝国主义也是如此。”

最后，毛泽东谈到了目前美国支持蒋介石打内战和中国全面内战的前景。他坚定地说：“蒋介石和他的支持者美国反动派也都是纸老虎。提起美国帝国主义，人们似乎觉得它是强大得不得了的，中国的反动派正在拿美国的‘强大’来吓唬中国人民。但是美国反动派也将要同一切历史上的反动派一样，被证明为并没有什么力量。在美国，另有一类人是真正有力量的，这就是美国人民。”

斯特朗听得津津有味，认真地记着。

毛泽东明确告诉斯特朗：“拿中国的情形来说，我们所依靠的不过是小米加步枪，但是历史最后将证明，这小米加步枪比蒋介石的飞机加坦克还要强些。虽然在中国人民面前还存在着许多困难，中国人民在美国帝国主义和中国反动派的联合进攻之下，将要受到长时间的苦难，但是这些反动派总有一天要失败，我们总有一天要胜利。这原因不是别的，就在于反动派代表反动，而我们代表进步。”

毛泽东娓娓而谈，其敏锐的分析和诗人般的想象力令斯特朗折服。不知不觉间，已是深夜。

后来，斯特朗撰写了《中国人征服中国》一书，介绍了这次访谈，向全世界传播了毛泽东“一切反动派都是纸老虎”的著名论断。这个论断一经传出就产生了强烈社会反响，增强了中国人民获得胜利的信心，在人民解放战争中，起到了意想不到的伟大作用。

解放战争的事实也证明，毛泽东关于纸老虎的学说并非只是为了坚定人们胜利信心做的政治宣传，而是以历史唯物主义观点分析战争规律所作出的科学判断，是经得起历史和时间检验的伟大真理。1960 年，斯特朗曾撰文指出：“毛主席是 14 年前在延安时说帝国主义和一切反动派都是纸老虎的。现在这已成为有历史意义的历史名言了。”

“蘑菇”战术的妙用

“蘑菇”战术是毛泽东在解放战争时期坚持实事求是、因地制宜、因时制宜的原则，立足于陕北的地形特点和群众条件，独创出来的对付国民党胡宗南军队主力进攻的有效战法。其基本特点是:凭借陕北黄土高原沟壑纵横的特殊地形和与共产党同心同德的群众条件，出其不意、神出鬼没地打击敌人，迫使敌军不敢走大路，专走高原小道，然后牵大吃小，以小部队与敌主力保持不即不离，引诱、牵制、缠住敌大部队，将敌拖瘦拖垮；以主力隐蔽休整，寻机歼灭敌之小部队和孤立之敌，逐步消耗敌之有生力量，最后达到全歼的目的。

毛泽东运用“蘑菇”战术，在解放战争初期达到了出神入化的程度。故事要从延安保卫战说起。

1947 年 3 月，蒋介石令长期坐镇西北的胡宗南部集中 34 个旅 25 万人围攻我陕甘宁边区，企图一举攻占中共中央所在地延安。蒋介石发了狠心，严令部属要对“匪军老巢”延安实行“犁庭扫穴，切实占领”。

当时，陕北战场上人民解放军总兵力只有 3 万人，兵力和装备上居于绝对劣势。面对严峻形势，党中央定下了“必须用坚决战斗精神保卫和发展陕甘宁边区和西北解放区”的决心，同时决定必须从长期战争着眼，依靠自身的力量部署一切。当前应诱敌深入，必要时主动放弃延安，同敌人主力在延安以北山区周旋，陷敌于十分疲惫、十分缺粮的困境，然后寻机集中兵力逐次加以歼灭。驻延安的党政机关及群众立即紧急疏散。

延安保卫战打响后的一天晚上，中央书记处办公室主任师哲急匆匆赶到毛泽东驻地请示工作：一定要疏散吗，可否设法保住延安而不撤退？毛泽东悠然地点起一支烟，摆着手，微笑着说："你的想法不高明，不应该拦挡他们进占延安。你知道吗？蒋介石的阿Q精神十足，占领了延安，他就以为自己胜利了。但实际上只要他一占领延安，他就输掉了一切。"毛泽东进一步解释说，蒋介石占领延安，首先向世人暴露了自己背信弃义，破坏和平，发动内战，不得人心，其次是使自己背上了一个沉重的包袱。我们暂时放弃延安，就是把包袱让敌人背上，使自己打起仗来更主动，更灵活。

如何更主动、更灵活地消灭敌人？毛泽东胸有成竹。他把一线指挥员新四旅政委黄振棠等人找来谈话，面授机宜："我们这次打仗，采用'蘑菇'战术。你们的任务是作磨心，牵敌人，磨敌人，使他们疲劳饿饭，再寻机会歼灭它。一个月歼灭它几个团，过上一年光景，情况就会好转。"毛泽东决定自己和党中央留在陕北，亲自指挥。可大家担心毛泽东的安全问题，毛泽东坦然一笑说："中央留在这里，蒋介石就会多下些本钱。这样，咱们负担重些，就能把敌人拖住，不让他走，最后还要消灭它。"

3月18日，延安党政机关和群众基本疏散完毕。19日胡宗南的部队进占延安。尽管得到的是一座空城，蒋介石还是兴高采烈地庆贺了一番，并授予胡宗南"二等大绶云麾勋章"，要他立即指挥部队对陕北进行"清剿"。

胡宗南在延安稍事休整，即以主力向西北的安塞挺进，寻找我西北野战兵团主力决战。按照毛泽东"蘑菇"战术的既定部署，西北野战兵团司令员兼政治委员彭德怀、副政治委员习仲勋指挥部队引开敌人主力，预先在延安东北方向青化砭设伏，全歼敌右翼侧掩护部队一个旅，仅1小时40分钟即毙俘2900多人。胡宗南惊呼上当，急忙调转马头，率重兵向延安东北山区扑来。毛泽东大喜："不怕胡军北进，只怕胡军不北进"。毛泽东急电彭德怀、习仲勋：应避免同胡军主力作战，除以一部分军队同它周旋外，主力隐蔽集结在机动位置，待机歼敌。据此，西北野战兵团以小部队不即不离地吸引胡军在千山万壑间转悠了12天，行程400余里。敌军疲惫不堪，一无所获，而且逃兵越来越多。为了坚定指战员们的胜利信心，毛泽东向彭德怀、习仲勋等发出电报《关于西北战场的作战方针》："我之方针是继续过去办法，同敌在现地区再周旋一时期（一个月左右）。目的在使敌达到十分疲劳和十分缺粮之程度，然后寻机歼灭之。""如不使敌十分疲劳和完全饿饭，是不能最后获胜的。这种办法叫蘑菇战术……"

机会来了。4月14日，敌驻瓦窑堡的整编一三五旅孤军南下。彭德怀、习仲勋得到情报，立即指挥部队在其必经之地羊马河设伏，激战8小时，全歼该旅，毙俘少将代旅长以下4700人。战斗结束后，部队迅速撤离战场，进入山区，隐蔽休整。4月26日，胡宗南误判我西北野战兵团准备东渡黄河进入晋绥地区，调集主力9个旅从军需补给基地蟠龙镇和永坪分两路向绥德北进。蟠龙镇守备空虚。彭德怀认为端掉蟠龙镇的战机出现。为了进一步迷惑敌人，彭德怀等人以少部分部队伪装成主力，缓缓向北撤退，沿途丢弃一部分军需物资，造成狼狈溃逃的假象，引得敌军主力越追越远离蟠龙镇。5月2日，蟠龙镇战斗打响，激战到4日凌晨，全歼守军一个旅6700人，缴获大批粮食、弹药和其他物资。当敌军主力于8日回援蟠龙镇时，解放军主力早已不知去向。

1947年，毛泽东转战陕北途中

在主动放弃延安的一个半月中，按照毛泽东的“蘑菇”战术，西北野战兵团以3万人的兵力同25万国民党军队从容周旋，三战三捷，歼敌14000多人，稳定了西北战局，有效策应了其他战场的人民解放战争，创造了以少胜多、以弱胜强的奇迹。

黄克诚反对四平保卫战

抗日战争胜利后，党中央实施以东北和热察两省为中心的“向北发展，向南防御”的战略方针，从关内各解放区抽调大批主力部队昼夜兼程疾进，进入东北。活动在华中的新四军奉命北撤。新四军第三师师长、政治委员黄克诚率部进入东北后，任西满军区副政治委员、司令员，中共西满分局代理书记。

平津战役前线指挥部领导合影

左起：黄克诚、谭政、聂荣臻、肖华、罗荣桓、刘亚楼、高岗、林彪

1946年3月，苏联开始从东北撤军。黄克诚密切关注苏军的动向。12日，苏军由辽宁沈阳一撤出，黄克诚立即把活动在彰武

地区的三师十旅调到吉林四平附近待命。14 日，苏军撤出四平，十旅便乘机拿下四平，俘虏数千名伪军。

蒋介石同样十分重视东北，以美国 31 艘运输舰向东北加速运兵，至 1946 年三四月间，总兵力达 25 万人以上。3 月下旬，国民党两个军自沈阳地区北进，于 4 月中旬逼近四平市区。

四平是南北交通枢纽，号称吉林省的“南大门”，战略地位十分重要。面对蒋介石部队的疯狂北进，中共中央曾定下调子：不惜重大伤亡（例如 1 万至 2 万人），阻滞国民党军队北进，以争取在东北实现停战的决心。毛泽东多次致电东北民主联军总司令林彪：“死守四平，寸土必争。”

根据毛泽东的指示，东北民主联军加强守备，迎击来犯之敌。第一次四平保卫战歼敌千余人，第二次歼敌 4000 余人，第三次双方形成对峙局面。5 月中旬，国民党的增援部队赶到，开始集中全部 10 个师的兵力，在飞机、坦克的配合下，采取正面进攻和两翼迂回相结合的战法向四平发起总攻。参加这次总攻的都是国民党精锐部队，火力很猛，我防守部队虽经顽强抗击，仍难以挡住国民党军队的猛烈进攻，损失惨重。

四平保卫战牵动着黄克诚的心。当时，黄克诚已率中共西满分局由郑家屯移至白城子，远离战场，但是，他的情绪一直随着战场形势的变化而起伏。当得知敌人重兵来犯，事态越来越严重时，他再也坐不住了，连续发了几份电报给林彪，建议适可而止，不能与敌人硬拼。

电报中，黄克诚明确提出了自己的观点：敌人一开始进攻时，打它一下子以挫其锐气，是完全必要的。现在敌人是倾巢出动，全力以赴与我决战，而我军暂时又不具备进行决战的条件。因此应当把四平及其他部分大城市让出来，让敌军进来，我们则到中小城市及广大农村去建设根据地，积蓄力量，在敌人背上沉重包袱走不动的时候，我们再回过头来逐个消灭它，那时我们就主动多了。

虽然黄克诚当时并未参加四平保卫战，但他坚持独立自主、实事求是的原则，立足于战场实际形势的深刻变化，从全局利益出发，主动提出从四平撤退的建议，应当说是富有远见的。可是林彪采取不理睬的态度，既不回电，也不撤兵。

四平保卫战坚持了一个多月，我军伤亡惨重，疲惫困乏，难以再战，而且防线左翼已被突破，退路受到严重威胁。再这样打下去，我方将面临全军覆灭的危险。得到战况报告后，黄克诚急了，直接给中共中央发电报，对四平保卫战和东北战局提出了不同意见。

中央军委和毛泽东仍未给黄克诚回电，但在5月14日给林彪和彭真的电报中指出："请你们考虑军事全局，再打下去是否有利，应否考虑有条件地让出长春，换得其他地区的合法，并取得时间整补军队，以便将来之用。"毛泽东还以军委名义在发给林彪的电报中指出："如果你觉得继续死守四平已不可能时，便应主动地放弃四平，以一部在正面迟滞敌人，主力撤至两翼休整，准备由阵地战转变为运动战。""如果采取此项方针，我军必能从目前的被动和不利地位变到主动与有利地位；而敌则愈前进愈发散粮源愈困难，其力量必减弱下来。"

很显然，中共中央和毛泽东充分认可并采纳了黄克诚的建议。

5月18日夜，防守四平的部队撤出阵地，分别向南满、东满、西满转移。5月19日，国民党军进占四平。四平保卫战结束。

四平保卫战毙伤俘敌1万多人，阻止国民党军北进1个多月，争取了以后4个多月的实际停战局面，为北满及周边根据地的创建争取了宝贵的时间。但是，四平保卫战毕竟属于城市防御战，并非我军之强项，而且在当时条件下也不可能达到成建制消灭敌人的目的。我军自伤8000人，其中绝大部分是从关内调来的骨干，参战部队战后不得不撤向偏远地区，以较长时间进行整补。从这个意义上说，又是有所失的。所以，当时中央军委和东北局、东北民主联军的领导人都认为这是一种特殊条件下形成的作战，不能成为一般的作战方针。

毛泽东对此一直难以释怀。在1959年的庐山会议期间，有一天，毛泽东邀请黄克诚到他那里吃饭。二人谈古论今，当谈起当年四平保卫战的情形，毛泽东问："难道四平保卫战打错了？"黄克诚说："开始敌人向四平推进时，我们打它一下子，以阻敌前进，这并不错。但后来在敌人集结重兵寻找主力决战的情况下，我们就不应该固守四平了。"

毛泽东实话实说："固守四平当时是我决定的。"

黄克诚毫不犹豫，直言相告："是你决定的也是错误的。"

毛泽东一时无语，表情很不自然。少顷，像是对黄克诚，又像是自言自语地说："那就让历史和后人去评说吧！"

通过此次与毛泽东的谈话，黄克诚才明白当初林彪不撤兵也不给他回电的原因。由此也可看出黄克诚坚持真理，坚持实事求是，敢于直言犯上的真实性格。

任弼时土改纠“左”

土地改革是新民主主义革命的基本任务之一。解放战争时期，当土地改革运动在各解放区蓬勃开展的时候，中共中央政治局委员、书记处书记任弼时却非常冷静，没有被群众运动的大潮所裹胁。他深入实际，较早发现了运动中存在的“左”的偏差。在发现问题后，又深入调查研究、认真听取各方面不同意见，提出了正确的纠“左”的措施和办法，促进了土地改革运动的深入健康发展。任弼时被誉为坚持独立自主、实事求是原则，创造性执行党的政策和策略的典范。

1947 年 10 月，中共中央颁布《中国土地法大纲》，宣布“废除封建性及半封建性剥削的土地制度，实行耕者有其田的土地制度”。新、老解放区的广大农民在中国共产党领导下，对封建地主阶级展开了尖锐斗争，迅速掀起了土地改革运动高潮。

作为中央五大书记之一的任弼时一直在密切关注运动的发展，悉心研究有关政策。1947 年 11 月跟随党中央移至米脂县杨家沟后，他用很大一部分精力调查研究土地改革问题，协助毛泽东制定土改方针政策。当时，他因过度劳累，高血压病复发，遵中央安排，到警卫团骑兵连驻地钱家河养病。期间，他带病在驻地周围几十个村庄进行调查，亲自找干部和农民谈话，了解当地土改的情况。为了获得第一手材料，他还发动身边工作人员利用外出帮群众干活的机会，按村、按户调查人口、土地数量以及评定阶级成分的情况。

经过调查，任弼时敏锐地发现，在土改运动猛烈发展的过程中，打击面过宽的“左”的偏向也在迅速滋长。比如以政治态度和思想作风划定阶级成分，侵犯中农和民族工商户的利益，对地主富农不加区分，不给出路，甚至“扫地出门”、乱打乱杀，排斥知识分子等。这些“左”的做法，造成解放区阶级阵线混乱，严重地妨碍了土地改革运动的有序发展，影响了农业生产的正常进行和社会秩序的和谐稳定。

任弼时忧心如焚，不断向中共中央和毛泽东报告所了解的情况问题，探讨研究解决问题的办法。11 月 12 日，任弼时致函毛泽东，提出由于各地划分阶级的标准不一致，打击面过宽的现象时有发生，因此须颁发一份大体通用的有关分析阶级的文件。毛泽东在阅信后批示：“照办”。11 月 29 日，中央重新印发了 1933 年有关划分农村阶级成分的两个文件，即《怎样分析农村阶级》和《关于土地制度改革中的一些问题的决定》。

12 月 7 日至 24 日，中央工作会议在陕北米脂县杨家沟举行。会议准备阶段，任弼时负责主持土改小组讨论，听取了全国土地会议和陕甘宁、晋绥土改情况汇报。正式会议上，任弼时结合自己的调研情况和其他同志的意见作了重要发言，着重从财产处理、政治权利和斗争分寸方面来区别政策界限。他尖锐地指出了土改中“左”的偏向的具体表现，比较系统地提出了解决办法和措施。他的发言引起了到会代表的高度重视，得到党中央和毛泽东的支持和肯定。

在十二月会议后，毛泽东又委托任弼时向有关领导讲一讲有关土改的政策问题。任弼时受命后，将几个月来调查研究得来的材料和在此过程中形成的一些看法进行归纳、总结和提高，写出了题为《土地改革中的几个问题》的发言稿，并于 1948 年 1 月 12 日在西北野战军前线委员会扩大会议上作了演说。

那天，任弼时精神饱满，对土改运动中所发生的主要问题及解决办法，进行了全面系统的阐述。他说，要按照实际情形去划分阶级，标准只有一个，就是依据人们与生产资料关系的不同来确定，不要扩大打击面；应该巩固团结全体中农，如果侵犯了中农的利益，甚至与他们对立起来，那就会使我们在战争中失败；应分别地主的大、中、小，地主的恶霸与非恶霸；对地主阶级和地主个人要区别对待；对一般工商业应当保护；对知识分子和开明士绅应采取保护他们的政策；坚决反对乱打乱杀与对犯罪者采用肉刑；真正罪大恶极者，经过人民法庭判处死刑，并经过县级或更高的政府组织的委员会批准，执行枪决，宣布罪状，而多杀人、错杀人甚至可能导致革命遭到暂时的失败。

任弼时的讲演理论上高屋建瓴，政策上切中实际，中共中央和毛泽东非常赞赏，给予了高度评价。当天，毛泽东即批示新华社："用明码电报开始拍发，各解放区争取两天或三天发完。由新华社转播全国各地，立即在一切报刊上公开发表，并印小册子。请范长江同志注意，不要译错文字或标点符号。我们这里除新闻简报上发表外，并印小册子送中后委。"

不久，这个文件经毛泽东修改补充，定稿为中共中央的土改政策文件，并转发全党。这个文件下发各解放区后，中农情绪逐渐稳定，生产积极性提高；破坏工商业的行为得到制止，解放区经济发展进入正常轨道；乱打乱杀现象得到遏止，农村过度紧张的阶级关系有所缓和，社会秩序趋于稳定。可以说，这个文件对于提高全党各级干部的政策水平，纠正种种"左"倾做法，确保土地改革运动健康发展，起了关键性作用。

1949年，任弼时在党的七届二中全会上做报告

1950年10月31日习仲勋在《悼任弼时同志》一文中写道："弼时同志十分重视端正和贯彻党的政策"，"经常密切注视实际执行的状况，及时地指导我们纠正偏向，和作出新的适应发展情况的规定。他是真正体会了毛泽东所说的'政策是我们党的生命'"。

一份改变中原战局的电报

1948年4月18日，华东野战军副司令员粟裕给中央军委发去了一份长达3000字的电报，对中央经过深思熟虑、已经确定并正在付诸实施的中原重大战略决策提出异议。党中央审时度势，采纳了粟裕的建议，调整了原先部署，导致中原战局产生重大变化。此事被作为坚持独立自主、实事求是原则，推进决策民主化、科学化的典范而载入史册。

1947年，粟裕(左2)在华中前线勘察地形

1948年1月，为了扩大战略进攻，改变中原战局的僵持状态，中央决定粟裕率华东野战军3个纵队渡长江南下，开辟江南战场，吸引敌军分兵，配合刘邓大军行动。毛泽东还向粟裕发了一份征求意见的绝密电报："你们以七八万人之众去江南，先在湖南、江西两省周旋半年至一年之久，沿途兜圈子，应使休息时间多于作战时间，以跃进方式分几个阶段达到闽浙赣，使敌人完全处于被动应付地位，防不胜防，疲于奔命。"希望粟裕"熟筹见复"。

粟裕接到电报后，与参谋长陈士渠、政治部主任唐亮进行认真研究后复电，就渡江时间、路线等问题提出建议。毛泽东复电表示同意，指出拟三月下旬出动，争取走湖口当涂之间，或南京江阴之间。

一个事关全局的重大行动计划决定下来了。

可是，随着时间的推移，中原战局正在出现有利于我的重大变化。刘邓大军千里跃进大别山，冲破了国民党重兵的层层"围剿"，开辟了新的中原解放区，切断了中原两条交通大动脉——陇海铁路和平汉铁路，打通了与豫陕鄂边的陈赓、谢富治兵团，豫皖苏边的陈毅、粟裕兵团的联系通道，兵源和物资得到重要补充，战斗力逐步恢复。中原三军呈"品"字形进攻阵势，初步具备了打大歼灭战的有利条件。

正在河南濮阳地区休整、准备执行渡江南进计划的主要负责人粟裕，敏锐地感觉到了中原战局的变化，凭着身经百战的丰富作战经验，结合先期渡江侦察的情况，粟裕觉得这个时候分兵南进，难以实现预定的战略意图。经过一个多月的反复思考，粟裕逐步形成了一个主力暂不渡江南进而留在中原作战的构想。

为慎重起见，粟裕在征得陈毅的同意后，于4月16日致电刘邓，报告自己的构想。获得支持后，4月18日，他以个人名义致电中央军委和华东局，详细陈述了自己的观点。粟裕详细分析了华野三个纵队执行渡江南下方案后可能面临的种种问题和当前中原战局发生的有利变化，建议华野三个纵队暂不南下，以刘邓、陈谢及华野主力依托后方作战，求得在最近有效地打几个大歼灭战。

粟裕的电报引起了中央的高度重视。也就在同一天，刘邓也发来了内容相似的电报。毛泽东感到此事非同小可，当即决定让陈毅、粟裕赴河北阜平县城南庄中央驻地当面汇报。并把这个议题列入中央书记处扩大会议的重要议程。4 月底到 5 月初，中央书记处召开会议，毛泽东、刘少奇、周恩来、朱德、任弼时 5 大书记集体听取粟裕的汇报。

那天，会场气氛凝重。主持会议的毛泽东没有多话，直奔主题："粟裕同志，你对中央的渡江南进计划有不同意见，说说你的看法。"粟裕定了定神，给各位书记算了一笔账：华野三个纵队 10 万大军渡江南进后，可以调动江北部分蒋军回防江南，但估计调动不了蒋军在中原战场上的 3 个主力军和 1 个整编师，中原战局会在较长时间内继续呈现僵持局面。而在中原战场，要想彻底改变中原局势，必须打大规模的歼灭战，必须组成强大的野战兵团，如果分兵南进，又调不走敌军主力，则势必增加我军打大歼灭战的困难。再者说，3 个纵队进入江南后，在没有根据地做依托的条件下作战，势必造成大量减员又无法得到补充，如果留在中原作战，以同样的代价可以歼敌三至五个整编师，这对打开中原战局将更为有利。

粟裕分析得入情入理，在场的书记们频频点头，会场气氛逐步活跃起来。毛泽东点燃一支烟，饶有兴趣地问："你说的打大仗，有多大？"粟裕回答："歼敌 10 万、20 万，甚至更多。"毛泽东爽朗地笑起来："口气不小啊！你是想把蒋介石 450 万正规军全部歼灭在长江以北吗?”“不”,粟裕坦率地回答,“我没有想到这么多,只是构想过一次歼灭蒋介石50万至60万精锐之师。”

毛泽东微微点了下头。粟裕受到鼓舞,情绪有些激动,更加自信地说:“现在我们既然已经具备了大战中原的基本条件,就应该争取把敌人主力歼灭在长江以北,如果从中原抽走了10万主力,削弱了坚强突击力量,我们就会失去更多的时间,甚至有可能推迟夺取全国胜利的时间。”

会场气氛热烈起来。大家对“渡江南进”和“暂缓渡江南进”的利弊得失进行了反复比较、分析、论证,最后一致同意粟裕的建议。毛泽东作总结:“粟裕同志的坚定,进一步促使我们改变战略方针。我认为粟裕同志的意见是可取的。华野一兵团暂时不南下了,先加入中原作战,力争实现歼敌主力于长江以北。”

随后,粟裕按照中央要求,于1948年6月和9月间,指挥华东野战军发起了豫东战役和济南战役。豫东战役不仅创造了我军历史上一次战役歼敌9.4万人的空前战绩,更迅速改变了中原战局,为解放战争由战略进攻发展为战略决战做出了重要贡献。不久,华东野战军与中原野战军又胜利地发起了淮海战役,将蒋军主力歼灭于长江以北,大大加快了解放全中国的进程。

社会主义革命和建设篇

（1949年10月—1978年12月）

坚持独立自主、实事求是的长征精神在社会主义革命和建设时期得到进一步发扬光大，以毛泽东为代表的中国共产党人借鉴苏联经验，积极探索符合中国特色的社会主义建设道路，取得一系列重要成果。特别是在社会主义改造、国民经济体系建设、国防科技建设、外交等方面独树一帜。虽然由于经验不足，对形势的分析、对国情的认识有过偏差，走了一些弯路，但是，党中央坚持实事求是，大兴调查研究之风，弥补了一些过失，使社会主义建设在曲折中前进。

出台《论十大关系》

1956年4月，毛泽东发表《论十大关系》重要讲话，吸取苏联经济建设的经验教训，紧密联系中国实际，着重分析中国特点，提出调动一切积极因素为社会主义建设服务的基本方针。《论十大关系》对适合中国国情的社会主义建设道路进行了初步探索，被誉为中国道路的开篇之作，充分体现了以毛泽东为首的共产党人在建设新中国、推进民族复兴方面独立自主、实事求是的探索精神。

新中国成立后，如何在经济文化落后的东方大国建设社会主义？马克思主义书本中找不到现成的答案，照搬、照抄苏联模式行不通，更不可能凭主观想象。毛泽东深切地感到，只能是老办法，从实践中来，到实践中去，逐步认识，逐步解决。毛泽东的探索是从系统而周密的调查研究开始的。

1956年1月，听说刘少奇为准备党的八大报告，正在组织中央一些工业部门的领导进行工作汇报，毛泽东对此很感兴趣，他对身边的工作人员说："这很好，我也想听听。能不能替我也组织一些部门汇报？"大家知道，听基层汇报是毛泽东开展调查研究的常用方法之一。于是，根据毛泽东的建议，中央有关部门从2月24日开始，到4月24日结束，共安排国务院34个部门和国家计委作关于第二个五年计划的汇报。毛泽东在自己的住处中南海颐年堂，实际听取汇报的时间累计43天。这是毛泽东自新中国成立以来乃至他的一生中规模最大、时间最长的经济工作调查。

那些日子里，毛泽东工作十分紧张疲劳。用他自己的话说，几乎每天都是“床上地下，地下床上”，很少出门。一起床，他就开始安排听汇报，每次都是四五个小时。周恩来除个别时候因特殊情况请假外，每次都来。刘少奇、陈云、邓小平有时也来参加。毛泽东听汇报时有一个习惯，就是不断插话，提出问题，发表意见，进行评论。特别是就一些疑难问题、敏感问题进行深入思考，然后综合他人的意见，提出自己的独特见解。这样一来，日积月累，就逐步形成了一系列完整科学的理论观点。

毛泽东在听取各个部门汇报期间，正值苏联共产党召开二十大。苏共二十大批评了斯大林的错误，打破了对斯大林的个人崇拜，暴露了苏联在建设社会主义过程中的一些缺点和错误。周恩来插话说：开始几年学他们是必要的。经过这两三年，我们也有些经验了，就应该总结总结，避免重犯他们的错误。毛泽东一直对迷信苏联和共产国际的经验很反感，他接过周恩来的话说：“他们揭盖子啦，我们开始有些把握，不要迷信咧。有人说，如果没有苏联的援助，中国的建设是不可能的。这是一种很不正确的思想。当奴隶当惯了，总是有点奴隶气，好像《法门寺》里的贾桂一样，叫他坐，他说站惯了。”

34 个部门汇报结束了，为了增加对工业建设方面的感性认识，毛泽东从 4 月 12 日到 17 日，连续六天参观设在中南海瀛台的机械工业展览。每天下午过来，少则一两个小时，多则三个来小时，看得十分认真。有时不满足于讲解员的讲解，还让人找来一些图书和资料进一步钻研。

正是在这样的基础上，毛泽东《论十大关系》水到渠成。

1956 年 4 月，毛泽东主持中央政治局扩大会议，发表《论十大关系》的讲话。他一开头就说：“特别值得注意的是，最近苏联方面暴露了他们在建设社会主义过程中的一些缺点和错误，他们走过的弯路，你还想走？过去我们就是鉴于他们的经验教训，少走了一些弯路，现在当然更要引以为戒。”“十大关系的基本观点，就是同苏联作比较。除了苏联办法之外，是否可以找到别的办法，比苏联、东欧各国搞得更快更好？”因此，“以苏为鉴”，根据中国情况，探索中国自己的社会主义道路，是我们的基本指导思想。

1956 年，毛泽东在最高国务会议上作《论十大关系》讲话

《论十大关系》重点讨论经济问题，同时也讨论同经济建设密切相关的国家政治生活中的一些重大问题。在重工业和轻工业、农业的关系上，提出了农业、轻工业、重工业并举发展的思想；在沿海工业和内地工业的关系上，强调合理安排工业布局，均衡普遍发展的思想；在经济建设和国防建设的关系上，强调优先加强经济建设的思想；在国家、生产单位和生产者个人的关系上，强调兼顾三个方面利益的思想；在中央和地方的关系上，强调发挥中央和地方两个积极性的思想；在汉族和少数民族的关系上，重点是反对大汉族主义。在党和非党的关系上，强调长期共存，互相监督；在革命

和反革命的关系上，强调镇压反革命要少抓少杀；在是非关系上，强调要善意地对待犯错误的同志，帮助他们改正错误；在中国和外国的关系上，提出向外国学习的口号，等等。

综合起来说，《论十大关系》确定的基本方针就是："我们一定要努力把党内党外、国内国外的一切积极因素，直接的、间接的积极因素，全部调动起来，把我国建设成为一个强大的社会主义国家。"

《论十大关系》的发表，标志着毛泽东对中国社会主义道路的探索开始有了一个初步的比较系统的思路。用毛泽东自己的话说，开始提出自己的建设路线，原则和苏联相同，但方法有所不同，有我们自己的一套内容，开始反映中国客观经济规律。

1975 年 7 月 13 日邓小平给毛泽东写信，对《论十大关系》做过这样的评价："这篇东西太重要了，对当前和以后，都有很大的针对性和理论指导意义。"

打破核威胁

20世纪五六十年代，美国是拥有核武器的两个超级大国之一。刚刚成立的新中国，经常受到美国的核威胁。1950年11月，朝鲜战争期间，美国把原子弹运到停泊在朝鲜半岛附近的航空母舰上，美国总统杜鲁门在记者招待会上叫嚣，将采取包括原子弹在内的一切措施来应付军事局势。1953年，一颗装有原子弹的导弹被运上了日本冲绳岛。不久，美国与蒋介石政权签署了《共同防御条约》。为了完成“反共复国”大业，蒋介石曾派夫人宋美龄向美国政府游说，想让美国援助原子弹。那些日子里，原子弹成了美国扼制中国的重要筹码。

面对核威胁，毛泽东在一次中央政治局扩大会议上说：“我们还要有原子弹。在今天的世界上，我们要不受人欺负，就不能没有这个东西。”

1955年，代号“02”的中国核武器计划秘密诞生。1956年10月，中国第一个导弹研究机构——国防部第五研究院成立。著名空气动力学家钱学森任院长。11月，成立“原子能事业部”的建议提交人大常委会议正式通过，中国决定成立第三机械工业部(1958年2月改为第二机械工业部)，专门负责研制原子弹。军委副主席聂荣臻提出“自力更生为主，力争外援和利用资本主义国家已有的科学成果”，以发展中国导弹事业的方针，得到毛泽东和周恩来的充分肯定和支持。

五院成立后，在不到一年的时间里，就在研究和仿制苏式导弹方面取得了重大进展。同时，新中国第一个导弹试验基地在内蒙古建立了。当时，为了加派人手，推进基地建设，中国人民志愿军司令员兼政治委员彭德怀让赴朝参战的志愿军二十兵团秘密回国，在没有鲜花、没有欢呼的一种神秘的气氛里，悄悄开进大漠戈壁，开始了组建导弹试验靶场和组织导弹试验的艰苦历程。

时隔不久，嗅觉灵敏的美国中央情报局便向白宫呈送了一份报告：中共驻西海岸的志愿军二十兵团突然于近日秘密失踪，现去向不明……

1959 年 6 月，中苏关系恶化。苏联政府背信弃义，单方面撕毁了中苏双方签订的关于国防新技术的协定，拒绝向中国提供曾答应的原子弹样品和生产原子弹的技术资料。基地首任司令员孙继先到北京汇报工作，周恩来提醒他："你看，我们靠'拐杖'走路有多难呀！老大哥靠不住，你要胸中有数，一定要把这件事做好。"

1960 年 7 月，苏联政府正式照会中国，撤走所有援华苏联专家。此时，苏联承诺援助中国的 30 个核工程项目，有 23 项没有完成，9 个工业项目被迫停工。苏联人临走时撂下话：离开我们，你们 20 年也搞不出原子弹。

当时，中央正在北戴河召开工作会议，听到消息，毛泽东大手一挥，硬气地说："赫鲁晓夫不给我们尖端技术，极好！如果给了，这个账是很难还的。"

话虽如此，当年中国经济处于三年困难时期，一方面要研究世界上最尖端的科技，另一方面却要忍受最原始的饥饿的折磨。在一次国防工作会议上，有人提出原子弹和导弹投入太大，又没有苏联的帮助，技术上有很多难题，而且当时国家经济困难，搞两弹花钱太多，反而影响了国民经济的发展。我们不能为了一头牛饿死一群羊。

何去何从？当时的情况考验着中央高层的智慧和胆识。

周恩来的态度向来很明确："苏联政府采取卡脖子的办法，想把我们的火箭事业扼杀在摇篮中，那是办不到的。我们中华民族是有骨气的民族，也是富有智慧的民族，没有什么力量能压服我们，也没有什么事情会难住我们。"

国防委员会副主席贺龙元帅激动地用烟斗猛敲桌子，提出了卧薪尝胆，发愤图强，打掉一切依赖思想，下最大的决心依靠自己的力量，突破国防尖端技术的要求，获得一片喝彩。

主抓两弹的聂荣臻认为两弹一旦下马，就可能前功尽弃，以后要想重新捡起来，绝非易事，无论多么困难，也要坚持下去。

国防科委副主任张爱萍说："再穷也要有一根吓人的打狗棍。"外交部部长陈毅元帅甚至说："就是当了裤子也要搞原子弹。"

最终，在西北高原，在大漠深处，在戈壁滩上的核工业基地，科学家们忍受着饥饿的折磨，克服恶劣自然环境带来的重重困难，坚持了下来。到1961年底，中国已经掌握了短程火箭技术并秘密试验成功，同时掌握了制造原子弹的全部技术以及拥有所需要的设备。1962年8月，科研人员向聂荣臻提交了一个报告：保守估计，中国在1965年以前就可以拥有原子弹。得知此消息后，毛泽东兴奋得一夜没睡着觉。

1964年10月16日，我国第一颗原子弹爆炸成功，在罗布泊上空腾起了硕大的蘑菇云。1966年10月27日，中国第一枚核导弹直插苍穹，9分钟后精确命中目标。1967年6月17日，中国第一颗氢弹空爆成功。1970年4月24日，中国成功发射了第一颗人造地球卫星。

我国第一颗原子弹爆炸升起的蘑菇云

中国人用两年零八个月的时间造出了原子弹，震惊世界。多年以后，邓小平曾深情地回忆说：如果60年代中国没有原子弹、氢弹，没有发射卫星，中国就不能叫有重要影响的大国，更没有现在这样的国际地位。这些东西反映一个民族的能力，也是一个民族，一个国家兴旺发达的标志。

罗布泊上空的蘑菇云，已经成为人们遥远的记忆，中国按照国际协议，早已停止了全部核试验。但是，伟大的事业，产生伟大的精神，其中凝聚着独立自主、自强不息、实事求是、勇于登攀的“两弹一星”精神与伟大的长征精神一脉相承，永远成为共产党人取之不尽用之不竭的宝贵精神财富。

农村工作专家邓子恢

新中国成立初期，国务院副总理邓子恢主政中央农村工作部，稳步推进全国农业生产合作运动，对调动农民积极性，恢复和发展农业生产发挥了重要作用。尽管后来在发展合作社的速度和规模上被毛泽东指责为“小脚女人”，遭到批判，他却坚持实事求是原则，坚持真理，矢志不渝，为办好农业合作社倾注了极大心血。原国家主席杨尚昆曾赞誉他是中国“农民运动和农村工作的专家”。

1953 年 1 月，邓子恢受命担任国务院副总理、中央农村工作部部长，协助周恩来总理分管农业和农村工作。上任伊始，他的首要问题就是如何对待和指导广大农村正在蓬勃发展的农业合作化。经过深入调查研究，邓子恢认为，办农业生产合作社是一种使农民稳步地从个体经济向集体经济过渡的恰当形式，但必须从农业互助组、经过初级农业生产合作社、再到高级农业生产合作社，循序渐进，不能跳跃，更不能凭热情一蹴而就。

然而，在社会主义改造顺利推进的同时，农业合作化运动出现了急躁冒进的倾向，合作社的数量迅速增加。1953 年 12 月为 14000 多个，到 1954 年春，才几个月的时间，就发展到了 10 万个，而到 1955 年春达到了 67 万个。贪大求快发展起来的合作社存在很多问题，主要是违背农民自愿原则强迫入社，侵犯中农利益，内部管理混乱，平均主义严重，极大挫伤了农民的生产积极性，造成部分地区党群、干群关系紧张。

面对出现的问题，邓子恢寝食难安。1955 年 1 月，他亲自动笔代中央起草了《农业生产合作社示范章程（草案）》和《关于整顿和巩固农业生产合作社通知》两个文件。指出“当前的合作化运动，应基本上转入控制发展、着重巩固的阶段”。文件经中央同意，以中央名义陆续下发各地遵照执行。在 4 月召开的第三次全国农村工作会议上，邓子恢明确提出今后总的方针是“停止发展，全力巩固”，发展过大的要适当收缩。会后，各地根据本地区情况，进行整顿和巩固工作，收到明显成效。当年，全国农业生产合作社数量虽然减少到 65 万个，减少了两万个，但质量却有极大提高。

可是，自 1955 年夏季开始，邓子恢对农业合作化运动的速度和规模方面的认识却与毛泽东产生了越来越严重的分歧。毛泽东过于乐观地估计了农业生产的形势，急于实现农业生产资料的社会主义改造，认为办合作社速度要快，数量要“韩信点兵，多多益善”。

6 月下旬的一天，毛泽东约邓子恢谈话，提出到 1956 年春耕前，将全国农业合作社由现在的 65 万个发展到 130 万个，邓子恢没有立即表态。第二天去见毛泽东时，他坦诚地说出了自己的看法，认为农业合作社上一年由 11 万个发展到 65 万个已经太多了，如果再发展到 130 万个，将大大超出条件许可的程度，还是维持在 100 万个的计划比较好。毛泽东不同意，二人发生了激烈争论。邓子恢据理力争，详细陈述了控制数量的理由：合作化运动应与工业化程度相适应，不宜过猛、过快地发展合作社；应该汲取苏联、匈牙利两个国家办农业合作社过急的教训，避免重犯他们的错误。

当时，毛泽东的威望如日中天，敢于同他争论数小时且不让步的，恐怕也只有邓子恢一人了。事后大家都替他担心，并善意地提出劝告。邓子恢却坦然地说：“我作为中央农村工作部的主要负责人，专门做这项工作的，怎么能不给主席讲清楚呢？这可不是几十万个数字的问题呀！”

7 月 11 日，毛泽东在颐年堂约见邓子恢、陈伯达、谭震林、杜润生等人，重申了要办 130 万个合作社的主张。邓子恢仍然坚持自己的意见，谈话持续了 5 个多小时。毛泽东当着大家的面，生气地对邓子恢说，“你的思想要用大炮来轰！”

7 月 31 日至 8 月 1 日，毛泽东在省、市、自治区党委书记会议上作《关于农业合作化问题》报告时说：“在全国农村中，新的社会主义群众运动的高潮就要到来，我们的某些同志却像一个小脚女人，东摇西摆地在那里走路，老是埋怨旁人说，走快了，走快了。过多的评头品足，不适当的埋怨，无穷的忧虑，数不尽的清规和戒律，以为这是指导中国社会主义群众运动的正确方针。”“否，这不是正确的方针，这是错误的方针。”尽管没有直接点邓子恢的名，但与会人员都知道毛泽东是在说邓子恢。

8 月 3 日，毛泽东再约邓子恢谈话：你土地改革时那样坚决，不担心中农害怕，为什么这一次就不坚决了？邓子恢回答说：农业合作化和土地改革不一样。土地改革在土地分配时实行“中间不动两头平”，中农的土地一般不动，涉及不到经济利益问题。农业合作化则不同，关系到中农的土地、牲口、农具，中农有看大势、算利害的特点，所以要半妥协，急了不行，急了他们不来。

毛泽东显然没有接受邓子恢的正确意见。从 8 月 13 日到 10 月 2 日，毛泽东亲自起草中央批语，重新规划合作化发展步伐，要求加快发展进度。到 1956 年上半年，我国广大农村基本上实现了原定用 15 年左右时间完成的农业合作化。

1959 年冬，邓子恢在海南农村开展调查研究

后来的历史事实证明，合作化的主流是好的，但由于过快过急，带来了一系列后遗症，给农业生产的恢复和发展造成了不少负面影响。邓子恢关于农业合作化的思想观点是富有远见的。他坚持真理，实事求是，不怕风险，勇于开拓的精神令人钦佩。

陈云的至理名言

中国社会主义经济建设的开创者和奠基人之一、中共第一、二代领导集体的重要成员、被誉为“共和国掌柜”的陈云有一句至理名言：“不惟上、不惟书、只惟实。”意思是说，处理和解决问题不能只遵从上级的命令和书本上的现成结论，而要从实际出发，独立自主，实事求是。陈云毕生坚持实事求是，一贯注重调查研究，弄清事实，找出规律，再做决定。他主张领导机关讨论决定重大问题前，要用90%以上的时间搞调查研究，用不到10%的时间来决定政策。他的这种坚持独立自主、实事求是的精神在20世纪五六十年代国民经济调整中表现得最为突出。

1956年9月，陈云主持党的八大闭幕会

1958年,以片面追求工农业生产的高速度,大幅度提高经济计划指标为标志的“大跃进”运动在全国范围开展起来。1959年至1961年,经济领域高指标、瞎指挥、浮夸风和共产风盛行,造成发展严重失衡,生产遭到破坏,人民生活困难。党中央及时提出了“调整、巩固、充实、提高”的八字方针,准备总结纠正指导思想上的错误和工作中的失误。毛泽东想到了陈云,他在一次工作会议上坦诚地说:“国难思良将,家贫思贤妻。陈云同志对经济工作是比较有研究的,让陈云同志来主管计划工作、财经工作比较好。”

1959年3月底,党中央在上海召开会议,准备将当年钢铁计划指标由1800万吨至2000万吨,降为1650万吨至1800万吨。会后,毛泽东还是不放心,要陈云再研究一下指标是否可行。陈云没有轻易表态,他连续主持中央财经小组会议,听取冶金部等相关部门的多次汇报。随后,又约经济建设一线领导同志谈话,向他们反复询问和征求意见。经过大量艰苦细致的调查研究工作,陈云提出钢材的可靠指标初步定为900万吨,钢的生产指标为1300万吨,并向中央政治局会议作了专门汇报。根据陈云的意见,会议最终确定1959年钢的生产指标为1300万吨。事实证明,陈云确定的钢铁指标是符合实际的。当年钢产量实际完成1387万吨,钢材完成897万吨。毛泽东称赞陈云:“正确的就是他一个人”“他这个人是很勇敢的”“坚持真理也勇敢”。

1961年,为了彻底弄清国民经济面临的困难和问题的症结,陈云做了大量的调查研究工作,足迹遍布河北、山东、河南、安徽、江苏、上海、浙江等地。当时经济工作中的突出矛盾是,人民生活必需品供应不足,特别是粮食和猪肉供应紧张。为什么会出现这样的矛盾,出路何在?陈云把目光从书本转向现实,采取实地考察、听取汇报、个别谈话和集体座谈等多种方式,苦苦探寻问题的答案。座谈讨论时，陈云认真听发言，记要点，并鼓励与会者实事求是、讲真话。在陈云的鼓励下，大家畅所欲言，共同研究问题。陈云也参与讨论，提出自己的观点。在上海青浦农村调研后，陈云写出了《按中央规定留足自留地》等三个报告，由邓小平在庐山召开的中央工作会议上印发，这对调整中央农村政策，调动农民积极性，解决农业困难，产生了积极影响。

1962年2月21日至23日，刘少奇在中南海西楼主持召开中央政治局常委扩大会议，陈云就财政工作作了长篇发言，指出了目前经济面临的五个方面的困难，提出了包括减少城市人口、农业增产和制止通货膨胀在内的六条解决措施。陈云的发言引起中央领导层的极大关注。根据刘少奇的建议，陈云又在国务院扩大会议上作了讲话，再次阐述并丰富了他在西楼会议上的发言。这次讲话同样受到与会者的称赞。会后，各省、市、自治区纷纷要求扩大传达范围。

会后，邓力群等人根据刘少奇指示，将陈云在西楼会议上的发言和在国务院扩大会议上的讲话，以及近几年他的一些讲话和文章15篇，编辑成了《陈云同志几年来有关经济建设的一些意见》一书，在国务院内部传阅。

3月7日，陈云出席中央财经小组会议，讲了七个问题，除关于经济调整工作的具体筹划外，还提出两条具有战略指导意义的意见。第一，"农业问题，市场问题，是关系五亿多农民和一亿多城市人口生活的大问题，是民生问题。解决这个问题，应该成为重要的国策"。调整计划的实质"是要把工业生产和基本建设的发展放慢一点，以便把重点真正放在农业和市场上"。第二，"综合平衡必须从现在开始""所谓综合平衡，就是按比例，按比例，就平衡了""搞经济不讲综合平衡，就寸步难移"。

在陈云讲话时，周恩来插话："可以写一副对联，上联是先抓吃穿用，下联是实现农轻重，横批是综合平衡。"这副对联，是周恩来对陈云讲话精髓的生动概括，体现了他对陈云观点的赞赏。

3 月 12 日、13 日，刘少奇在主持召开中央政治局常委扩大会议时，提议中央财经小组由陈云任组长，李富春任副组长，得到与会者一致赞同。可陈云当时在杭州疗养，予以婉拒。刘少奇答复说："大家都同意你当，你就当。就我个人来说，全力支持你，支持到底。"

3 月 18 日，中共中央向各中央局，各省、市、自治区党委，中央各部委，国务院各部委党组发出《关于批发陈云等同志讲话的指示》。讲话下发后，各省、市、自治区反响很大，纷纷要求扩大到地、市级。4 月 26 日，中央又发出《关于扩大传达和讨论陈云等同志的讲话范围的通知》，将传达范围扩大到地、市级。这些讲话，在国民经济调整过程中发挥了重要指导作用。

李先念反冒进

1956年社会主义改造完成后，由于对经济建设的客观规律了解和尊重不够，在反对“右倾保守”的浪潮下出现了不顾实际、盲目冒进的情况。主要表现为国家投资规模不断扩大，建设速度不断加快，国家财政资金和市场供应难以承受。

以刘少奇、周恩来、陈云为代表的中央高层觉察到了问题的严重性，多次提出反对冒进的观点。中共八大确定了坚持既反保守又反冒进即在综合平衡中稳步前进的经济建设方针。

在反冒进中，时任国务院副总理兼财政部长的李先念被推到了风口浪尖上。他在主持编制1957年国民经济发展计划时，运用财政经济方面的理论知识和反映国家财政状况的真实数据反复与各部委沟通协商，坚决压缩过多的基本建设指标，力争保持财政平衡。由于指导思想正确，1957年经济工作稳步前进，成为新中国成立以来经济效益最好的一年。

同时，李先念还利用各种机会宣传反冒进的观点。在一次中央召开的各省、自治区、直辖市党委书记会议上，他讲了这样一番话：我们国家搞建设，必须保持财政、信贷、物资三大平衡，才能稳步发展。三大平衡，是我们社会主义经济建设的一条客观规律。三大平衡的每一项，都有保持平衡的界限，我们不能突破这个界限。具体到财政工作中，就是要有多少钱办多少事，现在，我们就要压缩财政收支计划指标，保证财政收支平衡。

1956 年 6 月，李先念在全国人大一届三次会议上作报告，提出反冒进的意见

可是到了 1958 年，党中央提出了“鼓足干劲，力争上游，多快好省地建设社会主义”的总路线，反冒进被反“反冒进”所替代。毛泽东在批判反冒进时，四次明确表示了对李先念的不满。还批评李先念提出的“稳妥可靠”的观点，说：所谓稳妥可靠，是既不稳妥，又不可靠。

伴随着反“反冒进”的开展，“大跃进”运动全面铺开，人民公社化运动席卷全国，造成国民经济全面失调，加上共产风、强迫命令风、浮夸风泛滥开来，许多地方人民生活陷入困境。原来就主张反冒进的李先念，一直不赞成过早过快地改变农村所有制关系，不赞成对粮食高征购，对一些吹牛吹出来的数字，也持怀疑态度。

为了了解实际情况，李先念先后前往河北、河南、湖北等地调研。在河南，他发现农民口粮不多，棉花大片大片烂在地里无人采摘，发现基层报上来的数字水分太大。一次，他看到一个工人背来一麻袋钢铁，就走过去敲了敲说：这不是钢铁，什么也不能造。他还进一步了解到，炼出这种钢铁的原因，是土高炉的温度达不到。他又注意到，干部群众中有相当一部分人，对“大跃进”持怀疑态度。回到北京后，李先念向周恩来如实汇报了自己的所见所闻，并谈了自己的看法。

1959年初，党中央发现了“大跃进”中存在的严重问题，决定纠“左”。李先念是纠“左”的积极拥护者。他在一次商业厅局长会议上旗帜鲜明地指出：“大跃进”的经验是不够成熟的。我们国家搞社会主义经济建设的速度要快到什么程度，要经过实践证明。“大跃进”中，我们热的多，冷的少，虚的多，实的少，“大跃进”中有唯心论。他要求大家实事求是，老老实实，多谋善断，反对浮夸、说假话。

1959年至1961年，国民经济出现严重困难，突出表现在财贸方面，尤其是粮食供应上。李先念主持召开多次会议，贯彻中央“吃饭第一”的精神，全面加强粮食管理，稳定市场。那些日子，李先念每天早上起来第一件事就是翻阅粮食报表，了解粮食供应情况。

不料，在1959年夏季召开的庐山会议上，由于彭德怀向毛泽东上书，坦言“大跃进”中存在的问题，引起了毛泽东的不满。庐山会议上彭德怀受到了批判，随后“反右倾”斗争在全国范围开展起来。李先念因支持彭德怀，受到牵连，成为批判对象之一，并被定为思想上“右倾”。庐山会议之后，毛泽东认为财贸口“右倾思想”比较严重，决定把财贸口和农林口合并，由谭震林主持召开两个口各部党组书记会议，集中几天时间，批评帮助李先念。李先念不得不多次作检讨。那一时期，毛泽东对他很注意，多次要求把他的检讨稿调去亲自看。

一天下午，毛泽东把李先念约来谈话。为了减轻李先念心理上的压力，一见面，毛泽东就开玩笑地说："杞国人来了，坐下。"李先念一头雾水，毛泽东问："你知道不知道杞人忧天的故事，你不要学那个杞国人啊。"李先念这才明白，毛泽东是在批评自己。但他依然不改初衷，直言道："我知道这个故事，但是，我不是像杞国人那样忧天塌下来，我是忧几亿人开不了饭。"毛泽东很吃惊，没想到李先念这个时候还坚持自己的观点。但他同时也明白，李先念话中有话，一定有很多隐情要说。于是，他让李先念细谈。李先念如实汇报了全国粮食供应紧张的情况。毛泽东不但耐心地听李先念讲，还不时地提出一些问题。时近傍晚，毛泽东留李先念一起吃晚饭，共同商讨解决问题的办法。

此次谈话之后，毛泽东继续支持李先念为解决几亿人民吃饭问题所做的各项工作。鉴于粮食库存不足，多个城市和省份出现粮食供应不上的紧急情况，李先念像战争年代指挥作战一样，日日夜夜、紧张而忙碌地组织粮食调运工作。经过多方努力，李先念和全国人民一道度过了最严重的三年困难时期。李先念反冒进及纠正"左"倾错误所做的努力充分体现了中国共产党人坚持真理、实事求是、独立自主、勇于探索的伟大精神。

刘少奇宁乡调查

新中国成立后，为了尽快找到适合中国情况的社会主义建设新路子，许多领导人坚持独立自主、实事求是精神，养成了深入实际、调查研究的好习惯。第一任国家主席、中央第一代领导集体的重要成员刘少奇的调查研究，以次数多、时间长、内容广泛、手段灵活而著称。刘少奇的调查中，较有代表性的是 1961 年 4 月的湖南宁乡调查。

1959 年至 1961 年，“大跃进”和“人民公社化”运动造成“五风”(共产风、浮夸风、强迫命令风、干部特殊风和生产瞎指挥风)泛滥，国民经济面临严重困难。1961 年 1 月，党的八届九中全会确定对国民经济执行“调整、巩固、充实、提高”的八字方针。毛泽东号召全党大兴调查研究之风，一切从实际出发，希望 1961 年成为一个调查研究年、实事求是年。

刘少奇响应号召，带头深入基层，从 4 月 2 日起，在湖南省农村进行了为期 44 天的农村调查。其中，4 月 2 日至 8 日，5 月 3 日至 12 日，他来到家乡宁乡县蹲点 15 天，进行专题调查。

1961 年，刘少奇到湖南农村开展调查研究

4 月 2 日下午，刘少奇一行乘车来到宁乡县。经过东湖塘公社王家湾生产队时，一块“宁乡县东湖塘人民公社万头猪场”的牌子吸引了他的注意。他下车察看，发现里面仅有几头母猪，“万头猪场”水分太大。为了弄清情况，他临时决定在猪场的饲料房里住下来。窗户没有窗页，随行人员拿块布挡着。旧床上铺点稻草，两张旧方桌拼起来，四条长凳围摆着，就成了卧室和办公室。就在这样极其简陋的房间里，刘少奇思考问题，找人谈话，召开小型座谈会，住了 6 天 6 夜。

有一天，刘少奇在王家湾后山坡上走访，发现一堆已经风干的人粪，没有臭味。他用一根柴棍拨开来仔细一看，不禁摇头叹息，对身边工作人员说：“你们看，这里面全是不能消化的粗纤维，说明这人吃的是野菜、草根。农民吃饭已成了问题，问题大啊！”

5 月 3 日傍晚，刘少奇回到旧居炭子冲。第二天，他请来儿时的朋友、农民通讯员黄端生叙旧聊天。黄端生患有水肿病，行动不便，刘少奇赶忙上前搀扶。黄端生很感动，便把患水肿病的原因，全村患水肿病的人数、姓名一一报了出来，还说：干部的“五风”是造成农民没有饭吃的主要原因。

5月5日，刘少奇邀请少年时一起看牛的朋友李桂生察看安湖塘。望着汪汪碧水，刘少奇回忆说：“有一年塘底干得晒得谷……”李桂生说：“那样的大旱，每亩田还收了两三担。”刘少奇紧追着问：“去年安湖塘的水全干了吧？”“没有干，还有半塘水。”李桂生坦率地说：“据我看，去年粮食减产，干旱有一点影响，但不是主要的。我讲直话，三分是天灾，七分是人祸，是‘五风’刮得咯样！”李桂生越说越激动：“你们这么干，不怕农民打扁担吗……”

刘少奇心情很沉重。为了彻底弄清事实真相，他把炭子冲大队原党支部书记王升萍叫到家里来了解情况。王升萍因犯“五风”错误，刚刚被宣布撤职反省，对刮“五风”的全过程清清楚楚。通过王升萍的介绍，刘少奇了解到，当地为了放水养鱼，毁坏了许多农民赖以生存的粮田；一位姓曹的干部因反对砍伐树木大炼钢铁，遭到批斗和打骂；有个生产队为了积肥，把茅屋拆了，把屋上的茅草、人尿、畜粪一起浸到塘里，再开塘水灌田。当问到大办公共食堂时，王升萍激愤地说：“农村公共食堂不好！再办下去会人死路绝。柘木冲食堂刚办时有120人，现在不到80人，死了近20个，跑了十几个，还有几个患水肿病住临时医院的，只怕是有命插田，没命过年。”

听到这里，情况完全清楚了！“五风”的危害有多大呀！刘少奇感到十分震惊，思绪难以平静，黄端生脸上痛苦的表情又浮现在他的脑海，久久挥之不去。

在炭子冲调研期间，刘少奇还碰到了这样一件事：花明楼公社小学四年级一个10岁的小学生肖伏良，因经常吃不饱饭，写了一张“我们饿肚皮，只怪刘少奇。打倒刘少奇！”的白纸条，贴在路边的电线杆上。民兵们“破案”以后，认为这是反动标语，要把他开除学籍，挂牌游街进行批斗，并要对班主任和校长进行严肃处理。刘少奇得知此事立即予以阻止。他对公社干部说：写这种东西，只是反映了群众的一种意见，一种情绪，算不得是反动标语。这几年我们犯了错误，群众当然不满。你还不许人家骂娘？小孩子吃不饱饭，就有怨气。不要开除他的学籍，更不要责怪校长和班主任。如果我们有意制造一种压抑的政治气氛，今后谁还敢说话呀！

刘少奇这次回到宁乡，通过走访农家、现场查看、座谈交流等多种形式，获得了大量反映农村真实情况的第一手材料，写了数万字的调查笔记。特别是对农村“五风”的错误及其危害有了深切感受，促使他对大跃进和人民公社化运动以来的农村经济政策进行痛彻心扉的深刻反思，从而为党和国家制定重大决策、调整农业和农村政策，解决农民生产和生活困难提供了直接依据。

有了宁乡调查的亲身经历和感悟，刘少奇心里更有底了。在1962年1月召开的中央工作扩大会议上，刘少奇提出了两个“三七开”的观点，即成绩和缺点“三七开”，三分缺点，七分成绩；困难的原因“三七开”，“三分天灾，七分人祸”，并承担了主要责任。会后，刘少奇和中央其他领导同志一起全面贯彻经济建设的“八字方针”，迅速扭转了国民经济严重困难的局面。

周恩来的“乒乓外交”

1971年初，在中美两国人员交往隔绝、外交关系冰冻22年后，国务院总理周恩来利用在日本举行第31届世界乒乓球锦标赛的机会，从中美关系发展大局出发，审时度势，抓住机遇，因势利导，以两国乒乓球代表团的民间友好交往，推动官方秘密接触，开启了中美关系正常化的历史进程。此举被誉为“乒乓外交”，是周恩来独立自主、实事求是的精神在外交工作中结出的硕果，在中美关系史乃至世界外交史上留下了一段佳话。

1971年，美国乒乓球运动员应邀游览长城

1971年3至4月，第31届世界乒乓球锦标赛在日本名古屋举行。之前，日本乒乓球协会会长后藤钾二专程来华邀请中国派团参赛。鉴于当时中日尚未建立外交关系，日本右翼势力和台湾国民党特务在日活动猖獗，有人主张不参加。周恩来严厉批评了这种自我封闭、自我隔绝的做法。在周恩来的直接指导下，中日乒乓球协会签署会谈纪要，决定正式派出中国乒乓球代表团参赛。

中国乒乓球队如期赴日参赛，一举荣获4项冠军，引起极大震动。4月2日上午，19岁的美国运动员格伦·科恩在一个训练馆门口错过自己球队的汽车，搭乘了中国队的大轿车。车上的中国运动员很友好，热情地用英语同他打招呼，刚刚获得世界冠军的庄则栋从后排走过来同他交谈甚欢。临下车时，庄则栋送给科恩一块绣着黄山风景的中国丝绸作为纪念。

几分钟之后，车子停下了。敏感的记者看到科恩从中国人的车上下来，感到惊奇，连忙围了上去，又是拍照，又是采访。科恩说：中国人非常友好，如果他们邀请我，我愿意去中国。他还把庄则栋送的中国丝绸高高举起，任记者们拍照。

第二天，科恩向庄则栋回赠了一件带有和平标志的短袖衫，上面还别有美国代表团的纪念章。旁边陪同的一位中国代表团官员拉了拉庄则栋的袖子，庄则栋没有理会，微笑着接受了科恩的礼物，并表示感谢。记者们围拢过来，庄则栋对大家说，收到美国代表队队员的礼物，我很高兴。中美虽然没有外交关系，但我很愿意加深与美国运动员个人之间的友谊。和庄则栋分开后，科恩再次表达了想去中国看看的愿望。

当天下午，美国代表团领队正式向中国代表团负责人提出了访问中国的请求。国家体委获知这一消息后，马上会同外交部商议此事，并写专题报告向周恩来请示。周恩来认为，美国运动员已来到中国的近邻日本，咫尺之遥，时机难得，稍纵即逝。这是一个打开中美关系局面的非常好的机会。4 日，周恩来将加注了意见的报告送毛泽东审批。毛泽东经过慎重考虑，做出批示：邀请美国运动员来华访问。

周恩来立即致电外交部，电话通知中国代表团负责人，对外宣布正式邀请美国队访华，同时邀请加拿大、英国、哥伦比亚、尼日利亚的乒乓球代表团访华。

消息一公布，立刻引起轰动，日本各大报纸都在头版头条登出消息，中国邀请美国乒乓球队访华成了举世瞩目的重大外交事件！周恩来兴奋地在转给毛泽东的一份报告上写道："电话传过去后，名古屋盛传这一震动世界的消息，超过 31 届国际比赛的消息。"

4 月 10 日，美国乒乓球代表团一行 18 人，成为自 1949 年新中国成立以来第一批获准进入新中国的美国人。在中国，他们是被当作前来打开中美友好关系之门的外交使节来对待的。代表团访华的所有活动都由周恩来亲自安排。当时美国和其他国家的运动员都想一睹当年中国皇帝居住的紫禁城故宫的风采。而故宫在"文化大革命"中已经关闭了几年。周恩来为此批示："故宫可在 14 日开放参观。"重新开放的故宫，首先接待美国客人。

4 月 14 日下午两点半，周恩来在人民大会堂接见美国乒乓球队全体成员。同时受到接见的还有其他四国乒乓球代表团。周恩来精神饱满，在与美国代表团成员一一握手后，坐在团长斯廷霍文旁边的沙发上发表讲话："我请你们回去把中国人民的问候转告给美国人民。中美两国人民过去往来是很频繁的，以后中断了一个很长的时间。你们作为前来中华人民共和国访问的第一个代表团，打开了两国人民友好往来的大门。尽管中国和美国目前还没有外交关系，我相信中美两国人民的友好往来将会得到两国大多数人民的赞成与支持。”

周恩来接见美国乒乓球代表团的消息传到美国的时候正是清晨。几小时后，美国总统尼克松宣布了一系列对华开禁措施：1. 美国准备迅速发放从中国到美国来访的个人签证；2. 美国准备迅速发放从中国到美国来访的团体签证；3. 允许中国使用美元；4. 取消对供应前往中国或来自中国的船只和飞机的燃料限制；5. 准许挂外国旗帜的美国船只停靠在中国港口。

作为回报，美国乒乓球队邀请中国乒乓球队访问美国，这个邀请立即被接受。1972 年 4 月 11 日，中国乒乓球队回访美国，首先抵达底特律。中美两国乒乓球队互访轰动了国际舆论界，成为举世瞩目的重大事件。“乒乓外交”结束了中美两国 20 多年来人员交往隔绝的局面，使中美和解很快取得历史性突破。

7 月，美国总统国家安全事务助理基辛格秘密访华，宣布美国总统尼克松将访问中国。10 月，中国重返联合国。1972 年 2 月，尼克松访华，中美在上海发表联合公报，中美关系开始实现正常化。随后，中日建交、中国与许多亚非拉国家相继建交，全世界都把注意力投向了中国。“乒乓外交”从此有了别称：“小球转动了大球”。

责任田"救命田"

1961年,面对安徽农村的严重困难,中共安徽省委书记曾希圣独立自主、实事求是,在全省范围内推行"责任田"。当年农业丰收,城乡人民生活大为改善。"责任田"获得普遍拥护,被称作"救命田"。虽然这一举措后来被指责为犯了方向性错误而遭到强令改正,但是,历史证明,"责任田"办法是符合实际、顺应民心的改革之举、富民之举。它的成功实践,开辟了一条改革农业生产管理体制的新途径。曾希圣被誉为中国农村改革的先驱者。

1958年,在大跃进和人民公社化运动的影响下,安徽农民生产积极性受到挫伤,粮食连年减产,农业一片萧条。加上严重的自然灾害,到1959年和1960年,安徽农村从南到北,普遍出现了饿、病、逃、荒、死的现象。农村经济危机引发了领导层的恐慌、焦虑和不安,作为省委书记的曾希圣更是心情沉重,既为工作上的失误而深感内疚,感到自己对安徽人民是有罪的,想要尽一切办法进行"赎罪";又为如何增加生产、摆脱困境而忧思不已。他从工业生产中计件工资的办法和高级社时期有些地方实行包产到户的做法中得到启示,决心试行农业生产责任制,闯出一条快速恢复和发展农村经济的新路来。

1958 年 9 月，毛泽东视察安庆一中。右 1 为曾希圣

1961 年 2 月，曾希圣在蚌埠主持召开全省地、市委书记会议。他说："工业的生产责任制是非常严格的。工厂是把生产任务分配到车间，车间又把任务分配到每台机床，实行按件计酬，超产奖励。这种责任制的办法为什么不能移植到农业生产中来呢？"他的观点得到与会者的普遍认同。回到省城后，曾希圣召集安徽省有关部门负责人开会，决定先搞一个生产责任制试点。

2 月下旬，曾希圣带领省委工作组选择合肥市郊区蜀山公社井岗大队南新庄生产队进行责任制试点。办法的全称是"田间管理责任制加奖励"，简称"责任田"，主要内容是包产到队，定产到田，责任到人，超产奖励。办法一试行，群众的积极性就被调动了起来，各家各户跃跃欲试。3 月初，曾希圣决定扩大试点范围。

在当时的环境下，搞"责任田"是要冒极大风险的。因为包产到户自 20 世纪 50 年代以来就不断出现，不断被批，被指责是"富农路线”“企图挖社会主义墙脚，在中国复辟资本主义”。曾希圣看了有人整理出来的批判材料，平静地说：这可以作为我们研究农业生产责任制的参考，启发我们多考虑一些问题，多设计一些方案，更好地兴利除弊，减少矛盾和阻力。看到有人仍然心存顾虑，曾希圣坚定地说：“你们不必担心，一切责任由我一人来承担。”

尽管如此，推行“责任田”事关重大，要想减少风险，曾希圣觉得必须做到两点：一是在政治上要能站得住脚，看人民群众赞成不赞成；二是在组织上要不留把柄，争取获得“通行证”。

为了获得“通行证”，3 月 15 日，在参加广州中央工作会议期间，曾希圣向毛泽东汇报了安徽试行“责任田”的情况。当时，全国农村出现严重灾情，毛泽东正为如何恢复农业生产、增加粮食产量而寝食难安，得知安徽实行“责任田”可以大幅度增加粮食产量时，便对曾希圣说：“你们试验嘛！搞坏了检讨就是了。如果搞好了，能增产 10 亿斤粮食，那就是一件大事。”

曾希圣很兴奋，立即给安徽省委打电话说：“现在已经通天了，可以搞。”

在曾希圣的精心指导下，责任制在安徽推行得十分顺利。7 月 12 日，毛泽东乘专列到南方视察，途经蚌埠时，召见了曾希圣。曾希圣在专列上向毛泽东汇报了安徽“责任田”情况，强调指出“责任田”较之以往的评工记分的办法更能调动农民的生产积极性，更有利于增产。他具体说道：“过去搞包产的办法，只有生产队长一个人关心，社员就关心自己的工分。现在试行‘责任田’的做法，不仅队长关心粮食产量，社员也关心产量。社员们的生产热情很高，干劲也大，今年午季粮食大幅度增产，夏季田间农作物也长势喜人。”毛泽东很高兴，肯定地说：“你们认为没有毛病，就可以普遍推广。”并叮嘱道：“如果‘责任田’确有好处，可以多搞一点嘛。”

此后,"责任田"在安徽的推行速度大大加快。到1961年8月,全省实行"责任田"的生产队猛增到全省总数的70.8%,到年底已达90.1%。1961年,安徽全省粮食总产量达到900多万吨。由于粮食丰收,征购任务超额完成,农民生活得到了较大改善,农村非正常死亡得到有效遏制,大批外流人员纷纷回家耕种"责任田"。"责任田"被农民称为"救命田"。

12月,毛泽东到苏州视察,打电话叫来曾希圣,用商量的口吻说:"生产开始恢复了,是否把这个办法(指责任田)变回来。"曾希圣回答说:"群众刚刚尝到甜头,是否让群众再搞一段时间。"毛泽东没有明确表态。曾希圣误认为毛泽东既然没有明确说不让搞"责任田",就可以继续搞。

可责任田毕竟不符合当时中央关于引导农民走集体化道路的方针政策,毛泽东同意安徽试行"责任田",是为了缓解粮荒而采取的权宜之计。到1962年初,安徽"责任田"被认为"犯了方向性的严重错误"受到批判。曾希圣被免去中共安徽省委第一书记职务,调离安徽。尽管如此,曾希圣通过深入调查研究,勇闯禁区,锐意改革,以"责任田"的胆识、智慧和贡献在安徽农村改革和发展史上写下了浓墨重彩的篇章。

胡开明并非“胡”开明

胡开明(1913.01—1997.04),浙江乐清人。1936年加入中国共产党。曾任河北省常务副省长、安徽省副省长、安徽省人大常委会副主任。20世纪60年代初,胡开明在中共张家口地委第一书记任上,他大力推行农村基本核算单位下放和三包到组改革,并直言上书毛泽东,甘冒风险,为民请愿,后受到错误批判。1978年他被调到安徽工作,继续推动农业生产责任制改革,被誉为中国农村改革的先行者之一。

1961年6月,胡开明在家乡浙江乐清

1959年12月，胡开明受命担任中共河北省张家口市委第一书记。当时，农村饥荒严重。通过调查，胡开明越来越感到，要想从根本上摆脱贫困和饥饿，必须把生产搞上去。如何发展生产？他想了很多：建国十多年来，从互助组到初级合作社，农业生产呈现出较强的上升势头，但是到1955年高级社，特别是人民公社化以后，生产却开始下降了。究其原因，分配上的平均主义，大锅饭，是一个重要因素。一个公社或大队，有几十个村，自然条件、劳动情况差别很大，却统一以公社或大队为基本核算单位，干多干少一个样，干好干坏一个样，必然挫伤广大群众的生产积极性。

能否从改进分配制度入手，将基本核算单位下放呢？胡开明立即带领一个工作组到郭磊庄大队蹲点，专门进行以生产队为基本核算单位的试点工作。果然，基本核算单位下放，调动了广大农民的生产积极性，对恢复和发展农业生产发挥了积极作用。

根据郭磊庄的经验，胡开明起草了《关于郭磊庄分配大包干的调查报告》，立即上报省委。同时，将此经验在全地区推广。1961年9月，毛泽东视察工作路过河北省，看到张家口报来的材料，非常欣赏，亲自批示："中央政治局：这个材料请你们看看，我认为基本核算单位还是下放到生产队好，请你们决定。"1962年2月，中央正式发出指示，将农村基本核算单位下放到生产队。当时，在南方养病的省委第一书记林铁兴奋地给胡开明打来电话："开明同志，毛主席说了基本核算单位还是放在小队好，这件事你是有功的呀！"

可是，基本核算单位下放所带来的积极效应是有限的。一天，胡开明听说张家口市郊区一个生产队的蔬菜种得特别好，而周围生产队的菜地简直无法与之相比。什么原因呢？胡开明立即和地委农工部长前去调查。二人深入在田间、地头，和社员、队干部亲切交谈。当问及“同样是生产队，为什么你们的菜地种得比别人好”时，一个队干部吞吞吐吐地说，他们是私下里把蔬菜包给了作业组，作业组是自愿组合的，菜地包到组，工分、产量也包到组，叫作“三包”到组。结果，人们出工早了，收工晚了，干活细了，上粪多了。他还指着邻队长得稀稀拉拉的菜地说：“这些菜地是四队和别的大队的，他们没有包，早一个月我们的菜地长得也是这个样子。”

胡开明很受启发，从郊区调查回来，立即向书记处作了汇报。胡开明建议进行“三包到组”的试点，如果效果好，就在全区推广。经过试点，果然增产效果明显，于是迅速在全区推广开来，很受群众欢迎。

1962年7月，胡开明调回省里工作。这时，华北局正准备在北戴河召开一个农村工作座谈会，会议指定胡开明作为河北省的代表，仍以张家口地委第一书记的名义参加会议。胡开明回到张家口，经过认真准备，形成了一份《关于推行“三包”到组的生产责任制的建议》，长达7000字。《建议》明确指出：农村生产责任制度非改不可。平均主义的分配方法已经严重地阻碍了农民生产积极性。建议实行“三包”到组的方法，以解决实行生产队为基础后，农民生产积极性仍然不高的问题。

当时党内对大包干、包产到户问题意见分歧很大。准备材料过程中，有人劝胡开明说，“三包”到组的“包”字太敏感，最好把“三包”改为“三定”。但胡开明不同意，他说：“包就是包，提建议就是要一目了然，旗帜鲜明。”

7月30日，胡开明在华北局农村工作座谈会上作了《关于推行“三包”到组生产责任制的建议》的发言。会议将此发言稿作为简报印发，同时转报中央。

8月8日，胡开明又给毛泽东写了一封亲笔信。

毛主席：

关于如何巩固集体经济，加速恢复和发展农业生产问题，我于7月30日华北局农村工作座谈会上，作了一个发言，提出推行“三包”到组的责任制的建议。发言稿已由华北局抄送中央一份。现在我又把它打印了一下，特再送您一份，请予抽空审阅为盼。

可是，让胡开明始料未及的是，在毛泽东的眼里，搞单干，主张包产到户，都是退到资本主义道路上去。毛泽东在8月9日的北戴河会议中心小组会上严厉批评了胡开明：“河北胡开明，有这么一个人，‘开明’，但就是个‘胡’开明，是个副省长。”

会后，胡开明被认为犯有方向性错误，受到批判。“文化大革命”期间，他被作为河北省第三号走资派，经受了严重的精神折磨和肉体痛苦。

1978年7月，胡开明调到安徽工作，先后担任省委常委、省革委会副主任，安徽省副省长，安徽省人大常委会副主任。期间，他利用自己丰富的农村工作经验，全力支持省委书记万里在肥西和凤阳开展家庭联产承包责任制改革，被誉为中国农村改革的先知先觉者。

纵观胡开明几十年农村工作的经历，胡开明并非“胡”开明，而是坚持真理、实事求是，勇于探索、敢闯新路的真正开明之士。

两弹元勋王淦昌

王淦昌(1907—1998),江苏常熟人,中共党员,核物理学家,中国科学院院士。二十世纪六七十年代,他隐姓埋名 17 年,参与中国原子弹、氢弹武器的研制工作,贡献突出,是中国核工业的奠基人和开拓者之一,曾荣获“两弹一星功勋奖章”。在他的身上,充分体现了中国优秀知识分子爱党爱国、独立自主、实事求是、不畏艰难、勇攀科学高峰的伟大精神。

1981 年,王淦昌(中)在北京与工作人员探讨问题

1959 年 6 月,中国核工业发展进入关键阶段。由于中苏关系

恶化，苏联政府背信弃义，撕毁两国政府签订的援建中国原子能工业项目的协定和合同，撤走专家，中国原子能事业一度陷入困境。党中央决定，自力更生，发展核工业，研制中国自己的原子弹。

可是，要想独立突破原子弹核心技术，需要一批尖端人才，需要一流的科学家。苏联专家撤走后，人才缺乏的问题十分突出。一位友好的苏联专家回国时，曾安慰中国人说："我们走了不要紧，你们还有王淦昌。"

王淦昌的确是中国物理学界的重量级人物。他1929年毕业于清华大学物理系。1930年赴德国柏林大学留学，留学期间，正值欧洲核物理学发展的黄金时代。在大师云集的柏林大学，王淦昌接触到了世界最前沿的科学。30年代中期王淦昌回国，继续从事核物理研究。苏联专家撤离中国时，王淦昌正在苏联杜布纳联合原子核研究所，从事基本粒子研究。1960年3月，他领导的物理小组发现了荷电反超子一反西格马负超子。这一发现震惊了世界，也使王淦昌在苏联名声大噪。苏联专家撤走后，王淦昌成为中国搞原子弹的最佳人选之一。

1961年4月，刚从苏联回国的王淦昌，受到了二机部(后改名核工业部)部长刘杰的约见。刚一见面，刘杰就开门见山地提出："今天请你来，是想请你参加领导原子弹的研制工作。给你三天时间考虑，考虑好了三天后到二机部九局报到。"面对祖国的需要、组织的信任，王淦昌当场表态："我愿以身许国。"第二天，他就兴冲冲地来报到了。同时来报到的还有著名物理学家彭桓武和郭永怀，他们三人被誉为九局请来的三尊"大菩萨"。彭德怀、陈毅、彭真等党和国家领导人专程前来看望，外交部部长陈毅紧紧握着王淦昌的手说："有你们这些科学家撑腰，我这个外交部部长也好当了。"

在当年，研制原子弹是国家的最高机密，到二机部系统工作的人，不仅要求绝对保密，还要求断绝一切海外联系。从此，王淦昌从世界物理学界消失了，而中国的核研究基地多了一个化名“王京”的老头。有人向王淦昌的老伴儿打听，王淦昌到哪儿去了。他老伴儿幽默地说：“调到信箱里去了！”因为她只知道王淦昌的一个信箱。

在九局（又称第九研究所，后改名第九研究院），王淦昌先后担任副所长、副院长，主管原子弹研制三大重点环节之一爆轰实验。从 1961 年 4 月至 1964 年 10 月的三年半时间里，王淦昌带领科研人员克服无数困难，经过几千次爆轰实验，逐步掌握了原子弹内爆的规律和实验技术。

一开始，爆轰实验是在河北省怀来县长城脚下一个工程兵部队的靶场内进行的。王淦昌和科技人员一起搅拌炸药，指导设计实验元件，指挥安装测试电缆、插雷管，直到最后参加实验。当时正值国家经济困难时期，生活条件十分艰苦，由于营养不良，王淦昌和其他许多人都得了浮肿病。但他们全然不顾，一心扑在实验工作上。1963 年 3 月，王淦昌和他的团队转移到青海湖东边的海晏县核试验基地。那里平均海拔 3200 米，自然条件非常恶劣且高寒缺氧，气压很低，水烧不开，馒头蒸不熟，路走快了要气喘，头晕目眩、心悸厌食等高原反应屡见不鲜。王淦昌从不叫苦，仍坚持深入到车间、实验室和试验场地，去了解情况，指导工作，确保每一次试验有条不紊，稳步推进，并拿到最准确、最权威的试验数据。

1964 年 9 月下旬，一辆装有原子弹的专列从青海高原驶出，直奔新疆核武器试验基地，再由直升机运往大漠深处的罗布泊试验现场。首次核爆炸采用塔爆形式，一座高 120 米的高塔早已经竖立在戈壁滩上。

16日下午3时，我国第一颗原子弹在戈壁深处成功起爆。一道耀眼的强烈闪光过后，一阵惊天动地的巨响震耳欲聋，稍后，一个巨大的火球从高高的铁塔上升腾而起，扶摇直上，渐渐形成了巨大的蘑菇云。

观察所里，总指挥张爱萍激动地抓起电话向周恩来报告："总理，首次核爆炸成功啦！"电话那边的周恩来异常冷静："是不是真的核爆炸？"张爱萍一愣，扭头问身边的王淦昌："总理问是不是真的核爆炸？"王淦昌一边计算着蘑菇云的高度，一边肯定地回答："是核爆炸！"

周恩来响亮地说："很好，我代表毛主席、党中央、国务院，向参加首次原子弹研制和试验的全体同志表示热烈祝贺！"

试验现场欢声雷动，王淦昌眼中饱含热泪，禁不住与年轻人一起欢呼跳跃。

稍作休整，王淦昌又和其他核科研专家一起，全身心地投入氢弹的研制工作。经过两年八个月的艰苦奋斗，1967年6月17日，我国第一颗氢弹爆炸成功。中国成为世界上第四个能够制造氢弹的国家，而且成为世界上从原子弹到氢弹发展最快的国家（苏联用了4年，英国用了4年7个月，美国用了7年4个月，法国用了8年6个月）。所有这一切，无疑浸透了王淦昌的心血和汗水。

改革开放篇

（1978年12月—）

坚持独立自主、实事求是的长征精神在建设中国特色社会主义时期得到进一步继承和发展，焕发出勃勃生机。改革开放以来，以邓小平、江泽民、胡锦涛、习近平为代表的中国共产党人高举中国特色社会主义伟大旗帜，针对出现的新情况、新问题，紧密联系实际，深入调查研究，以巨大的政治智慧和理论勇气，不断开拓马克思主义在当代中国发展的新境界，不断谱写马克思主义基本原理同中国实际相结合的新篇章。

邓小平推动拨乱反正

邓小平是推进马克思主义中国化的光辉典范。在改革开放之初，他以无产阶级革命家的大智大勇，冲破重重阻力，全力推动指导思想上的拨乱反正，促成了党的十一届三中全会的伟大历史转折。他坚持独立自主、实事求是精神，为全党全国人民树立了榜样。

叶剑英(右)、邓小平(中)、李先念(左)在党的十一届三中全会主席台上

粉碎“四人帮”之后，党和国家面临着全面拨乱反正的任务。但由于长期受“左”的指导思想束缚，中央高层提出并实施了“两个凡是”的错误方针，即凡是毛主席做出的决策我们都坚决维护，凡

是毛主席的指示我们都矢志不渝地遵循。“两个凡是”严重阻碍了拨乱反正的历史进程。

1978 年 5 月，中央党校内部刊物《理论动态》和《光明日报》先后发表《实践是检验真理的唯一标准》的文章，引起巨大反响，但同时受到坚持“两个凡是”的一些人的批评和压制，引发了一场真理标准问题的大讨论。邓小平敏感地意识到，这是关系到坚持什么样的思想路线的大问题，于是在多个场合多次发表谈话，旗帜鲜明地予以支持。邓小平尖锐地指出：应该坚持历史唯物主义，“有一些同志，天天讲毛泽东思想，却往往忘记、抛弃甚至反对毛泽东同志的实事求是、一切从实际出发、理论与实践相结合的这样一个马克思主义的根本观点，根本方法”。他郑重告诫有关同志：“不要再下禁令、设禁区了，不要再把刚刚开始的生动活泼的政治局面向后拉。”

9 月，邓小平出访朝鲜归来，到东北三省以及河北的唐山，天津等地视察，沿途同各地党政军负责同志谈话，他自己称之为“到处点火”。谈话的中心内容之一就是要解放思想，摆脱“两个凡是”的束缚，摆脱“以阶级斗争为纲”的束缚，把工作着重点转移到经济建设上来。在吉林省党员干部大会上，邓小平动情地说：“社会主义的优越性最主要表现在社会生产力的发展上，人民生活水平提高上，如果我们国家生产力水平老是很低，人民物质文化水平老是很低，我们就对不起人民……所以还是横下一条心来，以经济建设为中心，集中力量一心一意搞经济建设。”此言一出，雷鸣般的掌声经久不息。

11 月 10 日至 12 月 15 日，高规格的中央工作会议召开，为即将召开的党的十一届三中全会定调子。由于当时还没有完成指导思想上的拨乱反正，会议只安排了三项关于经济工作的议程，并不涉及全党工作重点转移的根本问题。邓小平强烈建议:应该在讨论经济工作之前,首先讨论一下全党工作重点转移的问题。这一建议得到了中央政治局大多数常委的支持,最终获得通过。

出乎人们的意料,会议头几天,代表们围绕着工作重点转移问题,展开了热烈讨论,大家敞开思想,畅所欲言,提出了尽快停止"以阶级斗争为纲",全面进行拨乱反正,平反冤假错案,解决历史遗留问题,健全民主和法制,实行改革开放等一系列重大建议。会议开得空前热烈、生动、活泼。

邓小平是会内会外的主角。25日下午,邓小平在政治局常委听取北京市委和团中央负责人汇报时明确指出:"现在报上讨论真理标准问题,讨论得很好,思想很活泼,不能说那些文章是对着毛主席的,那样人家就不好讲话了。但讲问题,要注意恰如其分,要注意后果。迈过一步,真理就变成谬误了。"他还谈道:"现在中央的路线,就是安定团结,稳定局势,搞社会主义现代化。不搞什么新运动,不要提中央没有提的什么运动。要引导群众向前看。把各种积极因素调动起来。"

26日上午,邓小平在会见日本外宾时谈道:群众最希望安定团结的局面。搞四个现代化没有安定团结的局面是不行的。我们处理历史问题就是要把过去的问题了结一下,使全国人民向前看。所有错案、冤案,人民和干部不满意的事,一起解决。了结了这些问题,大家心情就舒畅了,一心一意向前看,搞四个现代化。对这个问题,可以说我们全党是百分之百的一致。

邓小平在常委听取汇报会上的讲话很快传达到会内各小组,邓小平接见日本外宾的谈话要点由会议秘书组印发给会议出席者。邓小平几次谈话的精神引起与会代表的广泛认同,迅速在会内发挥主导作用。

12 月 13 日，中央工作会议闭幕，邓小平集中大家的意见，几易其稿，作了《解放思想，实事求是，团结一致向前看》的总结讲话。他代表全党发出了振聋发聩的声音：“只有思想解放了，我们才能正确地以马列主义、毛泽东思想为指导，解决过去遗留的问题，解决新出现的一系列问题。”“一个党，一个国家，一个民族，如果一切从本本出发，思想僵化，迷信盛行，那它就不能前进，它的生机就停止了，就要亡党亡国。这是毛泽东同志在整风运动中反复讲过的。只有解放思想，坚持实事求是，一切从实际出发，理论联系实际，我们的社会主义现代化建设才能顺利进行，我们党的马列主义、毛泽东思想的理论也才能顺利发展。”

邓小平的这篇讲话，是指导全面拨乱反正和制定改革开放新政策的总的指导方针。由于中央工作会议做了充分准备，12 月 18 日至 22 日召开的党的十一届三中全会上，指导思想上的拨乱反正顺利完成，开始全面纠正“文化大革命”中及其以前的“左”倾错误，果断地停止“以阶级斗争为纲”，做出了把工作重点转移到社会主义现代化建设上来的战略决策。中国改革开放的大门由此打开。

经济特区先行探路

1978年11月，中共中央副主席、国务院副总理邓小平出访新加坡。新加坡对外开放，不断从国外引进资金和先进技术，使经济迅速腾飞，给邓小平留下了深刻印象。回国后，邓小平多次提出对外开放。同年12月召开的党的十一届三中全会上，“努力采用世界先进技术和先进设备”被正式写进了公报。1979年1月，一份关于香港厂商要求回广州开设工厂的来信引起了邓小平的高度重视。他敏锐地意识到这是一个很好的利用外资的时机，他当即在这份来信摘报上批示：“这件事，我看广东可以放手干。”

无独有偶，1月16日，中共广东省委书记吴南生到汕头地区宣传三中全会精神。汕头是吴南生的故乡，看到几十年僵化的计划经济体制下故乡破败不堪的街景，吴南生心中一阵酸楚。如何迅速改变贫困落后面貌？一位新加坡的朋友给他出了个大胆的主意：“你敢不敢办像台湾那样的出口加工区？敢不敢办像自由港这一类的东西？”他说：“你看新加坡、香港，他们的经济就是这样发展的！”

吴南生陷入沉思。办出口加工区、办自由港毕竟和传统社会主义模式截然不同，是要冒很大政治风险的。但是“文化大革命”结束后，国家的经济已到了崩溃的边缘了，我们应该怎么办？为什么不可以试一试呢？当晚，吴南生迫不及待地发了1300字的电报给省委第一书记习仲勋、第二书记杨尚昆，汇报了自己的想法。28

日，吴南生从汕头回广州，进一步与习仲勋交换了意见，得到习仲勋的大力支持。

3月3日，吴南生在省委常委会议上说："我提议广东先走一步。在汕头划出一块地方搞试验，用各种优惠的政策来吸引外资，把国外先进的东西吸引到这块地方来。因为：第一，在全省来说，除广州之外，汕头是对外贸易最多的地方。第二，潮汕地区海外的华侨、华人是全国最多的，其中许多是在海外有影响的人物，我们可以动员他们回来投资。第三，汕头地处粤东，偏于一隅，万一办不成，失败了，也不会影响太大。"吴南生担心有人怕冒风险，坚定地说："如果省委同意，我愿意到汕头搞试验。如果要杀头，就杀我好啦！"

在这之前，广东省委也曾收到宝安县关于把深圳办成出口基地的报告，新华社记者何云华也提过类似的建议。因此，省委在讨论时一致同意吴南生的设想，并且更为激进，认为广东不单是应在汕头办出口加工区，还应该在深圳、珠海办。

习仲勋认真听取大家的意见，果断拍板："要搞，全省都搞！先起草意见，4月中央工作会议时，我带去北京。"为了慎重起见，会后，习仲勋和吴南生找到正在广州的叶剑英元帅汇报了广东的设想，叶剑英非常高兴，催着他们说："你们要快些向小平同志汇报。"

4月5日至28日，中央工作会议在北京召开。4月8日，习仲勋在中南组发言。他说：现在中央权力过于集中，地方感到办事难，没有权，很难办。接着他提出："广东邻近港澳，华侨众多，应充分利用这个有利条件，积极开展对外经济技术交流。这方面，希望中央给点权，让广东先走一步，放手干。"习仲勋要求中央在深圳、珠海、汕头划出一些地方吸引外资，实行单独管理，初步定名为"贸易合作区"。习仲勋的汇报得到了政治局多数同志的赞许和支持。

邓小平认真听取了汇报，觉得广东的意见与自己先前的想法不谋而合。邓小平说，贸易合作区，叫法不准确。“就叫特区，当年延安陕甘宁边区开始就叫特区嘛！中央没有钱，可以给些政策，你们呢，自己去搞，杀出一条血路来！”听了邓小平的话，习仲勋很振奋，脱口而出：“特区，好！”

1978年8月，习仲勋（右1）在广东惠阳调研

中央工作会议后不久，国务院副总理谷牧带领国务院工作组到广东、福建进行调查研究，广东、福建两省起草了关于对外经济活动实行特殊性政策和灵活措施的报告，并呈送中央，中央和国务院很快批转了两省的报告，确定在深圳、珠海、汕头、厦门试办特区。1980年3月，中央在广州召开由广东、福建两省领导同志参加的会议，正式将“出口特区”定名为“经济特区”。同年8月，全国人大常委会完成了有关兴办特区的立法程序，通过了《中华人民共和国广东省经济特区条例》。

深圳成为新中国第一个经济特区。中央军委一声令下，一列列满载士兵的列车风驰电掣般驶向深圳。从辽宁鞍山、陕西汉中抽调来的人民解放军基建工程兵两个师的官兵加入到深圳拓荒者的队伍中来。来自全国各地的工程师、打工仔、打工妹身背行囊，执着地来到深圳，推土机、挖掘机和起重机的隆隆轰鸣声响彻云霄。

没有资金，深圳人四处奔走，靠借贷支撑起一座座大厦，铺平一条条马路。基础设施初具规模后，深圳又通过土地有偿使用的办法，吸引着国内外客商的投资目光。外商纷至沓来，合作、合资、独资企业与日俱增。经过几年的建设，深圳人闯出了一条特区建设的新路子，其发展速度可称为“一夜崛起一座城”。

经济特区的高速发展不仅迅速地改变了自身的面貌，而且充分发挥了辐射带动和示范作用，为全国改革开放和现代化建设积累了宝贵经验，为探索中国特色社会主义道路做出了重要贡献。创办经济特区是实行对外开放的一个伟大创举，体现了邓小平、叶剑英、习仲勋等老一辈革命家独立自主、实事求是，不畏艰难、勇于探索的崇高精神。

万里促成安徽农村改革

中国改革开放的总设计师邓小平曾说过：中国的改革是从农村开始的，农村的改革是从安徽开始的，万里同志是立了功的。万里以独立自主、实事求是的精神，敢于冲破旧体制、旧观念的束缚，促成安徽农村改革，在中国改革发展史上写下了浓墨重彩的篇章。

经过“文化大革命”十年浩劫，安徽农村生产力遭到严重破坏，不少地方的农民连温饱都不能维持。1977 年 6 月，万里来到安徽担任省委第一书记。经过深入走访，万里亲眼看见了群众生活的艰难，认为农民吃不饱，生产搞不好，根本原因是僵化的人民公社管理体制剥夺了农民自主权，造成干活“大呼隆”、分配“大锅饭”，严重挫伤了农民的生产积极性。

经过调查研究，万里决定从解决农民自主权问题入手。11 月，在万里的推动下，安徽省委出台了《关于当前农村经济政策几个问题的规定》，简称《省委六条》，会后发全省各地农村执行。其主要精神是尊重生产队的自主权，落实按劳分配政策，允许农民搞正当的家庭副业，生产队可以实行定任务、定质量、定时间、定工分的责任制。文件一发布，就受到广大农民和基层干部的热烈欢迎，它奏响了农村改革的序曲。

1978 年，安徽出现百年一遇的大旱，许多河水断流，水库干涸。入秋以后，秋种无法进行，土地抛荒严重。面对严峻形势，省委召开紧急会议，研究对策。万里沉重地说：“我们不能眼看着农村大片土地撂荒，那样明年的生活会更困难。与其抛荒，倒不如让农民个人耕种，充分发挥各自的潜力，尽量多种‘保命麦’度过灾荒。”省委果断做出“借地度荒”的决定：凡是集体无法耕种的土地，都可以借给社员种麦子和油菜，并鼓励社员在不影响水土保持的前提下，开荒多种，谁种谁收，国家不征公粮，不派统购任务。

1978 年，万里在安徽农村考察旱情

有人认为，借地度荒是不相信集体经济的优越性，这样调动出来的积极性不是社会主义的积极性。有的还说，为什么借给社员个人能种，集体不能种呢？这是以“借地度荒”为名，搞分田单干，是方向道路问题。万里心平气和地解释说：我们讲的是“集体无法耕种的土地”，如果集体有办法耕种，那就不存在这个问题了。总的原则是，不管是集体还是个体，只要是把可以种麦、种菜的土地都种上就行，种上了就能有收获，总比撂荒好。不管集体还是个体生产的粮食，吃了都解饿，都可以度荒。

“借地度荒”的政策出台后，极大地调动了广大农民生产自救的积极性，各地秋种迅速超额完成任务，大部分边地也都种上了油菜、小麦和蚕豆。据统计，仅这一措施，全省就增加秋种面积达1000多万亩。

不仅如此，肥西县山南公社走得更远，由借地转为包地，把全部集体的小麦、油菜包到户去种，由此引发了“包产到户”。凤阳县梨园公社小岗生产队召开秘密会议，干脆把田分到户干，实行“交足国家的、留够集体的、剩下全归自己的”的包干到户（大包干）。

当肥西县搞包产到户的情况被汇报到省委后，有人顾虑重重。因为包产到户问题过去被批了十几年，许多干部被批怕了。万里对此明确表示支持，在一次省委会议上，他坚定地说：“搞包产到户会不会像有人担心的那样，滑到‘资本主义’道路上去，我说即使滑下去，那也没有什么可怕的，把它拉回来就是了。有人提出如果减了产收不到粮食怎么办？那就调一点粮食给他们就是了。”有了万里撑腰，有了省委的态度，肥西县山南公社干脆把所有耕地都划到户去包。山南区的试验很快见到成果，并传到别的地方。滁县地区很快就有17%的生产队实行包产到户。

不久，《人民日报》在头版头条发表了署名张浩的题为《“三级所有、队为基础”应当稳定》的来信，对包产到组大加指责，并配发了长篇按语，给安徽造成了极大压力。万里针锋相对，让安徽省农委的同志写了一篇题为《正确看待联系产量的责任制》的来信，在《人民日报》头版显著位置发表，同时也配发了长篇按语，澄清了人们的思想混乱。

1979年5、6月间，万里来到肥西县山南公社、凤阳县小岗村视察，看到实行包产到户、包干到户以后农村干部群众干劲十足，农村面貌已经发生了显著的变化，心里更有底了。

可是，在1980年1月下旬全国农村人民公社经营管理会议上，安徽的包产到户的办法再次引起了激烈争论，争论的焦点还是包产到户到底姓“资”还是姓“社”的问题。3 月，万里调任国家农委主任后，围绕包产到户问题又出现了一次全省范围的争论，有些基层干部迫于压力，开始部分纠正包产到户和包干到户。

关键时刻，邓小平明确支持安徽农业责任制改革。他说：“农村政策放宽以后，一些适宜搞包产到户的地方搞了包产到户，效果很好，变化很快。安徽肥西县绝大多数生产队搞了包产到户，增产幅度很大。‘凤阳花鼓’中唱的那个凤阳县，绝大多数生产队搞了大包干，也是一年翻身，改变面貌。有的同志担心，这样搞会不会影响集体经济。我看这种担心是不必要的。”

在邓小平的支持下，当年 9 月，由国家农委起草、以中共中央名义颁发了第 75 号文件，肯定了包产到户的做法。1982 年 1 月，中央 1 号文件《全国农村工作会议纪要》，把包产到户等定性为社会主义集体经济的生产责任制。从此，由万里领导的发源于安徽的农村改革迅速席卷全国。

圆了载人航天之梦

载人航天工程是当今世界高新技术发展水平的集中体现，是衡量一个国家综合国力的重要标志。2003 年 10 月，我国自行研制的第一艘载人飞船“神舟”五号在中国酒泉卫星发射中心发射升空，准确进入预定轨道。乘坐“神舟”五号执行任务的航天员杨利伟，经过 21 小时 23 分钟，在太空中围绕地球飞行 14 圈、60 万公里，于内蒙古主着陆场成功着陆返回。自此以后至 2013 年 6 月，我国先后成功进行了四次载人航天飞行，将 11 名航天员送入太空，圆了几代中国人载人航天之梦。

2003 年 10 月 15 日，执行中国首次载人航天飞行任务的航天员杨利伟出发登舱前挥手致意

中国进行载人航天研究的历史可以追溯到20世纪70年代初,中国第一颗人造地球卫星“东方红”一号上天后,国防部五院院长钱学森就提出,中国要搞载人航天。国家将这个项目命名为“714工程”(即于1971年4月提出),并将飞船命名为“曙光一号”。然而,中国在开展了一段时间的研究之后,发现无论是在研制队伍、经验方面,还是在综合国力、工业基础方面都存在一定的困难。毛泽东说:“先把地球上的事搞好,地球外的事往后放放。”这个项目就被搁到了一边。

斗转星移,时间到了1992年9月21日,中国实行改革开放,综合国力迅速提升。党中央决定重启载人航天工程,命名为“921工程”,核心是载人飞船。“921工程”正式上马时中央就提出了“争8保9”的奋斗目标,即1998年要在技术上有一个大的突破,1999年要争取飞船上天。1999年11月20日,中国第一艘无人试验飞船“神舟”一号飞船在酒泉起飞,之后至2002年12月,“神舟”二号、三号、四号无人飞船相继发射成功。“神舟”四号飞船配置、功能及技术状态与载人飞船基本相同,飞船还相继完成了对地观测、材料科学、生命科学实验和空间天文、空间环境探测等任务。

有了前四次发射的技术基础,“神舟”五号及以后的载人飞行就水到渠成了。20多年来,中国航天人走上了一条自力更生、自主创新的道路,发射了十艘飞船、一个目标飞行器……实现了从无人到载人、从一人一天到多人多天、从舱内活动到出舱活动、从无人交会对接到载人交会对接等一系列重大跨越,不仅攻克了多项国际性的技术难题,而且极大地增强了中国航天的国际影响力,对我国的政治、经济、科技发展都有着重要意义。

酒泉卫星发射中心主任崔吉俊曾动情地说:“我们非常希望和国外发射场进行交流和合作,但难度很大。外国代表团每次来参观，我们总是大度地敞开胸怀，毫无保留，但是我们想看他们的发射场，他们却不让去。”中国载人航天总设计师王永志也深有感触地说：“航天领域的高新技术谁也不会卖给你，是花多少钱也买不来的。科技实力是一个国家综合实力的重要组成部分，而尖端科技只有依靠自身的力量获得。”

回顾载人航天工程的实践，从方案设计、系统优化、关键技术研究一直到载人飞行的全过程，另一位设计师周建平坚定地说：“我们唯有努力推动自主创新，才能实现跨越与追赶。创新，只有自主创新，才是中国载人航天未来的路。”

的确，从工程立项论证开始，专家们就大胆提出了技术大跨越的思路，跨过美俄从单舱到多舱的 40 年历程，直接研制第三代飞船。神舟飞船采用由轨道舱、返回舱和推进舱组成的三舱、两对太阳能电池帆板构型和升力控制返回、圆顶环帆降落伞回收方案，都具备鲜明的中国特色和高度的创新性。

通过实施载人航天工程，我国突破并掌握了三舱结构飞船研制技术、高可靠性运载火箭研制技术、轨道控制技术等国际宇航界公认的技术难题，以及多人多天在轨支持技术、航天员出舱活动技术、交会对接技术等重大技术难题。这些，有力地带动了动力学、计算机、通信等学科领域水平快速提升。与此同时，利用空间站开展的生物、物理、材料等实验，也带动了更多的原始创新。

为了开发利用太空中微重力、高洁净、全真空的特殊环境，从“神舟”一号到“神舟”十号，不仅搭载了大量科研设备，进行空间生命科学、空间材料、空间制药和物理等领域的实验，航天员还开展了航天医学相关试验。

从垂直总装、垂直测试、垂直转运和远距离测试发射的“三垂一远”发射模式，到国际先进的、基于 IP 技术的“永远在线的航天测控网”；从火箭控制系统采用更加精准的迭代制导手段，到具有中国自主知识产权的空间交会对接机构……自主创新无处不在。

中国载人航天工程办公室主任王兆耀表示：“载人航天的产出比是1∶10到1∶12，载人航天的投入对经济拉动作用显著。”据统计，目前已有2000项空间技术运用于国民经济，1100余种新材料的批量生产受益于航天科技“军转民”的应用。我国的1100多种新型材料中有80%是在航天技术的引领下完成的。中国航天人完全依靠自己的智慧和力量，建立并完善了我国相关的科技工业体系。

载人航天的历史，是一部独立自主、自力更生、自主创新的历史。中国航天人坚持独立自主、实事求是，敢为人先、勇攀高峰、追求卓越，走出了一条符合中国国情、具有中国特色的载人航天工程发展之路，使我国迅速跻身于世界航天大国之列。中国航天人铸就了“特别能吃苦、特别能战斗、特别能攻关、特别能奉献”的载人航天精神，与长征精神、“两弹一星”精神一脉相承，成为激励后人永远接续奋斗的力量源泉。

王启民勇闯石油开采新路

王启民，浙江湖州人，1937 年 9 月生，中共党员，大庆油田勘探开发研究院院长、教授级高级工程师。先后主持或参与了大庆油田实现稳产高产的八项重大开发试验项目，参加并组织了 40 多项科研攻关课题，多次荣获国家科技进步奖。1997 年 1 月被中国石油天然气总公司党组授予“新时期铁人”荣誉称号。2009 年 9 月被评为 100 位新中国成立以来感动中国人物之一。

“新时期铁人”王启民(左 2)与同事们研究大庆油田发展规划

1961 年 8 月，王启民从北京石油学院一毕业，就怀着天不怕、地不怕的壮志豪情，来到大庆油田地质指挥所，开始从事油田开发技术工作。当时，油田正处于极端艰难的创业时期。有一位外国专家断言：像大庆含蜡这么高的油田，中国人根本没有能力开采。王启民一听这话，气得眼珠子都红了，在铁人王进喜“宁可少活二十年，拼命也要拿下大油田”的钢铁誓言激励下，他和所里几个同学写下了一副先声夺人的对联：“莫看毛头小伙子，敢笑天下第一流”，横批为“闯将在此”。他们还特意将“闯”字中的“马”字写得大大的，突破了门框。王启民豪迈地说：“我们就是要靠自己的力量，闯出中国自己的油田开发之路！”

王启民是这么说的，也是这么做的。当时油田普遍采用国内外通用的“温和注水、均衡开采”的传统开采方式，可是到 1963 年，油田出现了注水三年，一半油井被水淹，采收率仅 5%的严重困难局面。王启民迎难而上，带领科技人员开展改进开采工艺的试验。那些日子里，他不分白天黑夜，不顾饥寒温饱，一直泡在工地上。经过大量调查研究和科学实验，根据油田地质特点和油层分布规律，他大胆淘汰了传统开采方式，代之以“因势利导，逐步强化，转移接替”的注采方法，终获成功。这一方法为油田培养了一批日产百吨以上的高产井，创出了中低含水阶段保持油田稳产的新路子，大长了中国人的志气。

到了 70 年代中期，油田中区西部试验区的油井平均含水上升到 54%，主力油层产量下降幅度较大，油田命运面临着新的考验。为了控制含水上升和保持原油稳产，王启民又带领试验组来到中区西部 9 平方公里的试验区，搞“分层开采、接替稳产”的试验，一干就是 10 年。有一段时间，他的风湿病犯了，转移到眼睛上，引起虹膜炎，两只眼球血红血红的。大家劝他回去养病，他却说：“我是组长，最了解试验方案和进展情况，怎么能走呢？”他的妻子陈宝玲看着很心疼，想把他调到北京去工作，并悄悄地帮他办好了手续，可他却在商调函上写上“本人不同意”。妻子气得要和他离婚，他却说：“那里有大油田吗？要走你走，我不走”。

王启民和他的伙伴们与现场工人密切配合，战胜重重困难，将油田上的单井资料收集整理了八种、近一万个数据，最终绘制出了油田第一张高含水期地下油水饱和度图，从而揭示出油田不同含水期开发的基本规律和稳产办法，有力地指导了油田的开发实践。到 1985 年，大庆油田不但胜利实现 5000 万吨稳产 10 年，而且还攀上了年产 5500 万吨的高峰，跨入了世界特大型油田的行列，开创了中国石油工业发展的新纪元。

1985 年，王启民受命承担了大庆油田 1986 年至 1995 年第二个年 5000 万吨稳产 10 年规划的编制任务。国家要求已经达到的年产 5500 万吨不能降。超出的 500 万吨指标从何而来？如何保持年产量的可持续性？凭着多年的经验，王启民觉得大庆油田地质条件很特殊，造成地下油层多、层间变化大、0.5 米以下的表外储油层十分发达。没有任何可商量的余地，王启民只能向国内外公认的难啃骨头——表外储层要油。

1986 年初，王启民和伙伴们制定详细计划，成立了试验小组，通过对 1500 多口井的地质解剖、分析、研究，以及对 4 个试验区 45 口井采取试油、试采和注水开发等措施，取得重大进展。王启民的辛勤工作，为大庆油田创造了巨大的经济效益，仅“表外储层”开发的研究成果，就相当于为大庆增加了一个地质储量 7.4 亿吨的大油田，按 2 亿吨的可采储量计算，价值 2000 多亿元。

进入 20 世纪 90 年代，大庆油田全面进入高含水开发阶段。如果继续沿用世界上普遍采用的“提液稳油”的办法，年产液量将激增 1.62 亿吨，而生产的经济效益将会大大降低。如何寻找一条既不大幅提液，又能保持稳产，把稳油与控水结合起来的开发新路子？王启民当仁不让，立即组织人马，实施"大庆油田高含水期稳油控水系统工程"的重大科技攻关项目。

经过群策群力，奋力攻关，王启民的团队终于提出了"三分一优"的结构调整原则和"控液稳产"新模式。经过推广使用，大庆油田实现了三年含水上升不超过1%的目标。到1995年底，油田综合含水没有超过81%，5年累计多产原油610多万吨，少产液24749万吨，累计增收节支150亿元，而且使大庆油田连续20年保持年产5000万吨以上的高产稳产。与世界上同类油田高产稳产的最长年限仅为12年相比，王启民团队的新成果，使大庆又攀上了世界油田开发的新高峰。

1996年，"稳油控水"系统工程荣获国家科技进步特等奖。王启民进京参加颁奖大会时，受到江泽民、李鹏、胡锦涛等党和国家领导人的亲切接见。

王启民一直在大庆油田从事地质开发研究工作。他深入实际，扎根油田，秉承独立自主、实事求是精神从事科学研究，脚踏实地，勇攀科学高峰，创造出辉煌业绩。他是一代知识分子、一代石油人的杰出代表。

王伯祥发展蔬菜传美名

王伯祥，山东寿光人，1943 年 2 月生，中共党员。曾任中共寿光县县委书记、潍坊市市委副书记、市长。他担任寿光县县委书记 5 年多，因地制宜，全力推进寿光的蔬菜生产、寿北开发及工业项目的升级改造，创建了“买全国、卖全国”的中国最大的蔬菜集散地，为寿光经济发展奠定了基础，被时任国家副主席的习近平誉为新时期县委书记的榜样。

王伯祥有一句名言：什么叫正确的道路，实事求是，一切从实际出发，一切从老百姓的切身利益出发，就是正确的道路。充分体现了新时期共产党人尊重客观规律的科学态度和独立自主、脚踏实地的创业精神。

寿光南部土地肥沃，适宜各类蔬菜生长。寿光种菜的历史源远流长，清康熙年间，寿光蔬菜已有 40 个品种，30 个延续至今，其中的大白菜无论数量还是品质都远近闻名。可是，20 世纪 80 年代初，曾经因为卖不出去，一度造成白菜成灾，“菜”贱伤农。1986 年王伯祥接任中共寿光县县委书记，对此情形看在眼里，急在心里。如何将传统的蔬菜种植优势变为市场优势，带领全县人民迅速脱贫致富奔小康？上任伊始，王伯祥心中盘算，白菜悲剧的根源在于没有市场。话又说回来，全县要吃菜不说，寿光北边还有胜利油田的 30 万员工，济南、北京、上海……大城市的人哪天离得了蔬菜？市场大得很呢！

在王伯祥的主持下，一场县领导参加的“论证会”很快举行，很快达成共识：发展蔬菜，关键在于培育市场。一纸《关于培育和完善九巷蔬菜批发市场的意见》发往全县。县城西南的九巷蔬菜批发市场原占地 20 亩，随着交易量的增加，远远适应不了需求。1987 年，王伯祥将九巷蔬菜市场扩建至 150 亩，当年实现蔬菜销售 2.5 亿公斤，交易额 1.5 亿元。1991 年，再扩至 600 亩。蔬菜市场终日车水马龙，一片繁荣景象。

王伯祥考察蔬菜基地建设

为了进一步扩大蔬菜的流通渠道，王伯祥代表县委县政府向全县发出了“三个百分之七十”的号召：每个部门、每个单位要拿出百分之七十的人力、百分之七十的时间，每个人拿出百分之七十的精力，参与蔬菜大流通。王伯祥亲自召开乡镇党委书记和县直部门主要责任人会议进行部署。经过多方努力，寿光县先后与 20 多个省区市 200 多个大中城市的 850 多个党政机关、企事业单位，建立了稳定的销售关系。一年多的时间，一个四通八达的蔬菜购销网络初步形成，东北的土豆，甘肃的洋葱，江浙的莲藕，江南的黄瓜，苍山的蒜薹，安丘的生姜……寿光人可以把菜卖到全国各地，全国各地的人也可以到寿光来卖菜。寿光，以“中国蔬菜之乡”闻名于世。

王伯祥率先垂范，带领商业、供销人员多次进京，与北京市 8 个区的蔬菜公司和 5 个蔬菜批发市场建立了稳定的业务联系。北京和寿光之间开辟了绿色通道，确保寿光菜无障碍进京。“晚上在寿光的菜园子，早上进北京人的菜篮子，中午上北京人的菜盘子。”这句顺口溜曾经在北京的大街小巷很流行。

蔬菜市场有了，品种多了，可是蔬菜反季节种植和新鲜贮藏、运输是一个难题。一个偶然的机会，王伯祥得知三元朱村党支部书记王乐义把懂技术的东北汉子韩永山请到了寿光，准备发展不生炉子的冬暖大棚，王伯祥很感兴趣，专门来到三元朱村了解详情。为了稳妥起见，他决定在三元朱村进行试验。

一开始，村民们怕担风险，参与的积极性不高。王伯祥赶来给王乐义和韩永山撑腰壮胆。“村看村，户看户，群众看的是党员干部。告诉大家，如果搞砸了，一切损失，县里担着。”有了这句话，三元朱村 17 名党员全部报名搞大棚。经过研究，村里决定在土质最好的村北做试验，种植黄瓜。但新的问题又出现了，那里是一片未收割的玉米。要想赶在元旦前让大棚黄瓜上市，就只能选择杀青。事关重大，谁也不敢做这个主。

关键时刻，王伯祥一锤定音，“不是无故杀青，而是为了搞大棚试验，县委支持你们！只要对群众有利的事就大胆干！”3 个月后，三元朱村顶花带刺的鲜黄瓜上市，一个大棚收入 2.3 万多元。到第二年，不用动员，5000 多个冬暖式日光蔬菜大棚覆盖了全县 22 个乡镇 640 多个村庄。时至今日，寿光的蔬菜大棚已发展到 23 万个，带来的收益占农民收入的 50%。一场由冬暖大棚带来的“绿色革命”改写了寿光农业的历史。

寿南有了蔬菜大棚，寿北怎么办？千百年来，寿北 160 万亩土地除了盐碱滩，就是浅海滩涂。当地的群众生活十分艰苦。王伯祥下了决心，在调查研究的基础上科学决策，制定了“一二三四五”发展规划，连续三年组织 20 万劳力齐上阵，进行开发寿北大会战。最终，把占全县总面积 60%的不毛之地，变成了全县的“粮仓”和“银山”。面对全县工业基础十分薄弱的局面，王伯祥又主持论证，上马了一批重点项目，公开考选、大胆启用优秀企业经营人才，较早地实行了企业股份制改造。在他任县委书记期间，全县企业总产值翻了三番，利税增长近十倍，寿光县成为全国百强县。

1991 年，担任寿光县委副书记、书记 8 年时间的王伯祥，被提拔担任潍坊市副市长。搬家时，市政府派来一辆“130 货车”拉走了王伯祥的全部家当。货车装不满，还把院子里没烧完的蜂窝煤和木柴全部装上。看到“全国百强县”的县委书记家里竟然如此“穷酸”，前来送行的寿光干部群众无不为之震撼。

吴仁宝打造华西亿元村

吴仁宝(1928—2013),江苏江阴人,中共江阴市华西村原党委书记,中国最大的村级乡镇企业集团华西集团(公司)原董事长。四十多年来,吴仁宝坚持实事求是、与时俱进,带领全村党员、群众走共同富裕的道路,把一个贫穷落后的小村庄建设成为年经济产值超400亿元、人均存款超百万元的"天下第一村"。

2003年,吴仁宝与华西村新任书记四子吴协恩规划未来

吴仁宝有一句名言:"千难万难,实事求是最难。遇到任何困难只要实事求是对待,就能大难变小难,小难变不难。"几十年来,吴仁宝领导华西村,以群众利益为出发点和落脚点,坚持走自己的路,走上了社会主义新农村建设的康庄大道。

吴仁宝从1961年10月就开始担任华西村(当时称大队)的党支部书记。在农业学大寨的日子里,吴仁宝带领华西人建电站、修水渠、改造低产田,粮食产量稳步提高,一度成为“农业学大寨”的样板村,但他并不满足于这些。“发展农业也就是填饱肚子,老百姓手里没钱总是个缺憾”。吴仁宝开始寻找致富之道,一边当学大寨的典型,一边在暗中办起了小五金厂,因此赚了不少钱,首先富了起来。到1976年,华西村工副业达28.2万元,已占全年总收入的54.4%,集体积累(合资产)已经有60万元,变成了远近闻名的富裕村。1979年9月,华西大队首次受到国务院嘉奖。

正是在这一年,国家农村政策放宽,以包产到户、包干到户为主要特征的家庭联产承包责任制从安徽兴起,迅速向全国农村蔓延,给长期受到“左”倾指导思想影响的农村带来了可喜的变化。可吴仁宝感到了前所未有的巨大压力。华西怎么办?在那些大锅饭严重制约生产力发展的地方,分田到户是非常必要的,而华西每人只有半亩地,集体经济已十分壮大,要不要分呢?

吴仁宝走访村民,广泛征求意见。多次召集村干部开会,共同商讨对策。经过深入调查研究,吴仁宝在一次村委会上提出了自己的看法:华西村不适合搞包产到户。有人提出疑问:搞包产到户是国家政策,我们不执行恐怕不好。吴仁宝坚定地说:毛主席讲实事求是,干什么事情都要实事求是,“人家分田是实事求是,我们不分同样是实事求是!”

经过深思熟虑,吴仁宝提出了一个调整产业结构的方案:全村800多亩粮田由30多名种田能手集体承包,绝大多数劳动力转移到工业上去。副业上通过专业承包,形成千头猪、千头羊、万只禽的养殖规模。方案实施以后,村级经济稳定发展,村民安居乐业。后来,在吴仁宝的安排下,一些村民们外出学手艺,回村后陆续办了锻造厂、带钢厂、铝材厂、铜厂、纺织厂等 40 多个企业，全村 95%以上的劳动力投入到了工业生产中。在乡镇企业异军突起的年代，华西村成了一道靓丽的风景线。1980 年，华西村的工农业总产值突破 1 亿元，成为江苏省第一个“亿元村”。

20 世纪 90 年代，苏南乡镇企业改制进入新的发展阶段。有关部门要求华西村带个头，把企业卖给私人经营。吴仁宝不为所动，但对村级经济结构做出了调整，提出要搞“一村两制”：村民既可以搞集体，也可以搞个体。针对当时个体经济企业 196 家，村里还建起了私营经济工业园，走出了一条集体经济为主、多种经济成分并存的混合所有制发展的新路子。

吴仁宝曾深情地回忆说：“如果为了要当先进，一定会去跟风，当年分田到户是先进，我们没有分，人家批评我思想僵化。接着，又要向种田大户集中了，我们没有种田大户，也不先进。后来又一村一品了，我们有五六百个品，还是不先进。如果为了先进而亦步亦趋，那可能就没有今天的华西。”

吴仁宝对国家政策的洞察力很强，善于根据政策变化发现和捕捉商机。华西村至今仍流传着吴仁宝“一个会赚了一个亿”的故事。1992 年 3 月 1 日，邓小平南方谈话见诸报端，吴仁宝兴奋不已，夜里 2 点钟从床上爬起来召集党员干部大会，吴仁宝激情澎湃地说：“改革开放的总设计师邓小平同志发话了，根据我的经验，经济发展的机遇就要到来。”他安排全村人立刻奔赴全国各地用尽各种办法购进原材料。果然，待到 3 月 11 日“讲话”精神传达到基层，原材料价格迅速上涨几倍。有人算了笔账：华西这个会赚了一个亿！

吴仁宝认为，同上级组织保持一致，不能满足于当“传声筒”和“收发室”，叫向东不向西，叫打狗不撵鸡。高压电不能拉到家里点电灯，要经过变电站、变压器“变压变频”，要从华西实际出发，千方百计发展华西经济，一切为了造福群众。

1997年，亚洲金融危机爆发，市场低迷，经济增长乏力。为了应对危机，在上级组织的倡导下，各地“抓大放小”之声不绝于耳。可吴仁宝经过一番分析认为：大和小是相对的；大和小是分层次的；大和小是可以转化的。他由此提出：“华西村要有自己的主见！既要‘抓大放小’，又要‘抓大扶小’，必要时还‘抓小放大’。”因此，他果断地把效益较差的小企业下放给个人经营，充分挖掘个体经济的潜力；对一些有发展前景的小企业加大扶持力度，促使其发展壮大；对原准备投资10亿元的两个大企业让客商加大投入，华西村只以土地和水电气入股，以减少风险。经过一番精心运作，果然，华西村的企业个个都成了战胜金融危机的排头兵。

“我们那里山也好，水也好，就是缺个吴仁宝。”一位县委书记参观华西村后这么说。

罗阳主持研制航母舰载机

罗阳(1961—2012),辽宁沈阳人。中航工业航空公司副总经理,沈阳飞机工业(集团)有限公司董事长、总经理、党委副书记。中国第一艘航母舰载机歼-15研制现场总指挥。2012年11月25日,他参与指挥舰载机起降训练,当圆满完成训练任务靠岸时,突发急性心肌梗死,不幸殉职,年仅51岁。国务院追授他"航空工业英模"荣誉称号。

罗阳在辽宁舰上

2012年9月,中国第一艘航母"辽宁舰"入列时,有外媒预测,中国的舰载机要实现舰上起降,至少还需一年半时间。而刚刚过去两个月，完全自主研发、被外媒称为可与美国 F-18(大黄蜂)、俄罗斯苏-33 等世界最先进的舰载机媲美的歼-15，就成功实现了在辽宁舰上的起降，创造了航母工程历史上的奇迹，也圆了几代航空人让战机从陆地跨向海洋的梦想。

主持研制歼-15 的就是罗阳。

罗阳 1982 年从北京航空航天学院毕业以来，一直奋战在中国航空工业战线上，从当初简单仿制苏联米格战机，到参与研发完全自主知识产权的多型号国产机型，罗阳逐步成长为一名优秀的飞机设计专家、研发团队领导人和中国航空工业的领军人物。罗阳 2007 年主政沈阳飞机工业(集团)有限公司以来，正值航空武器装备高速发展的时期，任务相当艰巨。他把型号研制作为最大的政治使命，强化组织管理，严格落实责任制，分兵把守关键节点，打好组织部装、总装和试飞"三大战役"，实现了多个重点型号飞机的成功首飞和设计定型，曾创造新机研制提前 18 天总装下线，从设计发图到成功首飞仅用 10 个半月的奇迹，为提升我国航空武器装备水平、推动国防工业现代化做出了卓越贡献。同时，在罗阳的带领下，公司民用飞机生产也取得重大突破，交付民机的速率达到了一天一架，在一次国外供应商评级中获得最高分，有力地向世界证明了"中国制造"的水平和能力！

2012 年 1 月，罗阳担任中国第一艘航空母舰舰载机歼-15 的研制现场总指挥。

在当时，研制航空母舰舰载机在中国没有现成的经验可资借鉴，向国外取经，可是关键技术外国人根本不向中国人透露。国际上航空制造大国的技术封锁，逼着中国的航空人只有自主创新一条路可以走。罗阳下定决心，我们自己干！他在公司的攻坚动员会上说："外国人能干成的事，我们中国人同样能干成，而且还能干得更好！"

说起来容易做起来难。一个舰载机在短时间内造出来、飞起来、落得下，成千上万个技术环节，都是未知领域，都要绞尽脑汁去进行钻研。罗阳以自己30年专业经验为基础，瞄准世界上航空技术发展的最新科研成果，组建了一支具有强大凝聚力、战斗力的攻坚团队，奋力攀登国防科学技术高峰。

时间紧、任务重、要求高、难度大。罗阳顶住压力，建立了新机快速试制中心。过去研制新机型，是按部就班，流水作业，一道一道程序地过。有没有可能利用数字化技术，打破常规，创新研制模式？罗阳经过深思熟虑，大胆提出了"面向制造的设计"和"面向设计的制造"的新理念，使设计制造一体化。同时，组织人员迅速出台了几十份顶层文件，确定了一体化的实施规则，将工作流程、责权归属、考核、过渡办法、应急方式等所有可能引起混乱的环节都一一做出安排。按照这样的构想，研发团队创造了"厂所一体、设计制造一体协作攻关"的新模式。新模式利用数字化技术和三维仿真手段，使制造提前参与到设计研发中来，并行推进，大大缩短了研制周期。

研制过程中，制造折叠机翼是一道难题。航母舰载机机翼必须能够折叠，而燃油、液压、操控各个系统都要通过折叠部分，无论机翼怎么折叠，这些系统都要保证正常工作。因此，折叠机翼内部结构特别复杂，技术难度非常大。罗阳亲自点将，组建了折叠机翼研制攻关团队，进行技术突破和项目推进。他每天都要到工作现场，手里总是拿着两个本子，一个是所有攻坚项目进度表，另一个是密密麻麻的计算数据和他对技术难题的解决方案。大家说：罗总是一手拿着催账单，一手拿着锦囊妙计。在罗阳的带领下，折叠翼研制方案改了一遍又一遍，零部件做了一套又一套，一次次地从头做起，闯过一道道技术难关，凭着一股不畏艰难、永不服输的劲头，中国人终于为自己的舰载机插上了收放自如的灵活翅膀！

当歼-15飞机研制进入最紧要的关头时，罗阳发出公司历史上第一个总经理令，以破釜沉舟的决心加快研制进程，终于攻克了难关。11 月 23 日，歼-15 从空中俯冲急下，瞬间降速至 0，稳稳停在航母“辽宁舰”上！大家欢呼雀跃，流下了激动的泪水。

歼-15 飞机从立项论证到设计发图，从设计图纸到首飞成功，从试验试飞到辽宁舰上成功起降，仅用了两个月时间，实现了中国航母工程建设的历史性跨越！作为主持歼-15 飞机研制的罗阳，秉承独立自主、实事求是的精神，坚持航空报国，坚持自主创新，攻坚克难，追求卓越，是中国知识分子爱国情怀的高度凝聚，是长征精神和“两弹一星”精神的杰出传承人。

罗阳因积劳成疾，11 月 25 日以身殉职，习近平总书记 26 日做出重要指示，要求党员学习罗阳的优秀品质和可贵精神。习近平指出，雷锋、郭明义、罗阳身上所具有的信念的能量、大爱的胸怀、忘我的精神、进取的锐气，正是我们民族精神的最好写照，他们都是我们“民族的脊梁”。

告别皇粮国税

自古以来，种粮农民向国家交税(俗称“皇粮”)天经地义。可是在2005年12月29日，全国人大常委会经过表决，通过了关于废止农业税条例的决定。国家主席胡锦涛同日签署第46号国家主席令，公布了这个重大决定，标志着新中国实施了近50年的农业税条例成为历史档案，延续了2600年的按土地面积向农民征税的制度退出了历史舞台。

消息传开，数亿中国农民欢欣鼓舞。“上联：开天辟地头一回；下联：种田不交农业税；横批：普天同庆。”这类门联一度流行于中国乡村。

农民以舞狮子的方式庆祝取消农业税

殊不知，告别“皇粮国税”，得益于中国农村税费改革的顺利推进。20世纪90年代中后期，我国农业经济增长缓慢，农产品价格下滑，农民收入长期徘徊，乡村治理中的矛盾较为尖锐，因农民负担过重引发的群体性事件时有发生。当时社会上流传着“头税轻，二税重，三税是个无底洞”的顺口溜。头税指农业税，二税指村提留和乡统筹费，三税指乱摊派、乱集资、乱收费的“三乱”问题，引起农民强烈不满。费用名目繁多，花样翻新，是导致农民负担过重而又久治不愈的症结所在。

“辛辛苦苦三百天，洒尽汗水责任田；亩产千斤收成好，年终结算亏本钱。”湖北省监利县棋盘乡角湖村农民李开明老人2000年春节贴的对联这样写道。不少人因此弃田撂荒外出。

1998年9月30日，国务院成立了农村税费改革工作小组（即“三人小组”），以及相应的工作班子。意味着中国农村税费改革正式提上议事日程。2000年3月2日，中共中央、国务院下发《关于进行农村税费改革试点工作的通知》，明确了农村税费改革的重大意义、指导思想、基本原则和主要内容，对试点工作提出了具体要求。文件的发布标志着农村税费改革经过一年半的认真准备，开始进入具体实施阶段。

2000年，农村税费改革试点首先在安徽省展开。改革的主要内容是：取消乡统筹费、农村教育集资等专门面向农民征收的行政事业性收费和政府性基金、集资；取消屠宰税；逐步取消统一规定的劳动积累工和义务工；调整农业税和农业特产税政策；改革村提留征收和使用办法。同时，要努力做到确保农民负担明显减轻、不反弹，确保乡镇机构和村级组织正常运转，确保农村义务教育经费正常需要。国务院要求，对改革中可能遇到的困难要有充分估计，根据中央财政转移支付补助资金和地方财力可承受度慎重推进。

鉴于农村税费改革牵一发而动全身，难度较大，风险较大，试点以来，国务院总理朱镕基连续两年在人代会期间参加安徽代表团的座谈。他语重心长地对安徽代表说："农村税费改革，任重道远，在安徽的试点工作是极其艰巨、复杂和繁重的，你们做的是前无古人的工作，把这项工作做好了，取得了成功经验并在全国推广，将在中国的发展史上写下重重的一笔，名留青史。"安徽人民不负众望，在党中央、国务院的大力支持下，通过全省上下共同努力，到 2002 年底，改革取得阶段性成果，农民负担大幅度减轻，各项配套改革稳步推进，基本实现了预期目标。为改革向全国推进积累了宝贵经验。

继安徽改革试点之后，江苏省成为在全省范围内开展农村税费改革试点的第二个省份。由于江苏省的财力和治乱减负等基础较好，前期准备充分，改革试点进展顺利。中央有关部门经过慎重选择，2002 年，将全国试点省份扩大到 20 个。2003 年 3 月 27 日，国务院发布《关于全面推进农村税费改革试点工作的意见》，农村税费改革在全国范围内全面推开。为了确保改革顺利推进，中央财政逐步扩大了对地方的农村税费改革转移支付力度，有效贯彻了国家对农民"少取""多予"的方针，促进了农业增产、农民增收和农村繁荣。

2004 年，中央着眼于实现粮食稳定增产、农民持续增收的大局，做出了五年内取消农业税的重大决定，并率先在黑龙江、吉林两省进行免征农业税试点，其他省份降低农业税税率，取消了除烟叶外的农业特产税。2005 年 12 月 29 日，十届全国人大常委会第十九次会议以 162 票赞成、1 票弃权、0 票反对的表决结果，通过了关于废止《中华人民共和国农业税条例》的决定，亿万中国农民从此告别"皇粮国税"。

湖北监利县棋盘乡角湖村农民李开明老人又算了笔账：2000年他种一亩稻谷，收成好的话大约是1000斤，当时谷价3毛多，只能收入300多元，负担每亩将近400元，还有一亩地150元的成本。扣除劳动力，每亩地一年辛苦到头要赔200多元。2005年一斤稻谷能卖7毛多钱，一亩地700多元，负担31元，粮食直补35元，扣除150元成本开支，一亩地纯收入500多元。大家又都争着种自己的田了。从抛荒到争田，减负减到了农民心里。

中国农村税费改革是农村继土地改革、实行家庭联产承包责任制之后的又一次重大社会变革。它对减轻农民负担、规范农村分配关系、进一步解放和发展农村生产力起到了重要作用，极大地促进了我国农业经济的发展和农村社会的稳定。“上下五千年，种地不要钱”。从探求税费改革的途径，逐步减轻农民负担，到最终免除农业税，经过了一个艰难、曲折而又漫长的过程。其间，从中央到地方的各级领导干部和群众坚持独立自主、实事求是的精神，以认真负责的态度、开拓创新的勇气，敢于面对新情况，解决新问题，甘冒风险，攻坚克难，其历史功绩永载史册。

精准扶贫动员令

改革开放以来，通过近30年的不懈努力，中国的扶贫工作取得了举世公认的伟大成就，已经使6亿多人脱贫，成为全球首个实现联合国千年发展目标，贫困人口减半的国家。但是，我国仍有7000多万人没有脱贫。长期以来，贫困居民底数不清，情况不明；扶贫资金"天女散花""年年扶贫年年贫"；重点县虚报数字舍不得"脱贫摘帽"，挤占浪费国家扶贫资源；人情扶贫、关系扶贫造成应扶未扶、扶富不扶穷等问题较为突出。要实现2020年全部脱贫，全面建成小康社会，任务非常艰巨。

党的十八大以来，习近平总书记一直把贫困地区人民脱贫致富奔小康，作为自己心底最朴素的中国梦，放在心上，抓在手上。据粗略统计，2013年以来习近平29次国内考察，17次涉及扶贫开发，有9次是把扶贫开发作为主要内容的。总书记多次深入贫困地区，特别是革命老区走访调研，以"但愿苍生俱饱暖"的家国情怀，多次发出精准扶贫的动员令。

2013年11月，习近平总书记来到湘西土家族苗族自治州考察，在花垣县十八洞村低保户施成付家的院子里和村干部、村民代表座谈。习近平提出，扶贫要实事求是，因地制宜，要精准扶贫，切忌喊口号，也不要定好高骛远的目标。各级党委和政府都要想方设法，把现实问题一件件解决，探索可复制的经验。首次正式提出了"精准扶贫"的重要思想。

2014年11月，习近平在福建调研时强调，要通过领导联系、山海协作、对口帮扶，加快科学扶贫和精准扶贫，支持和帮助贫困地区和贫困群众尽快脱贫致富奔小康，决不能让一个苏区老区掉队。

2015年1月，习近平在云南考察工作时强调，扶贫开发是我们第一个百年奋斗目标的重点工作，是最艰巨的任务，要以更加明确的目标、更加有力的举措、更加有效的行动，深入实施精准扶贫、精准脱贫，项目安排和资金使用都要提高精准度，扶到点上、根上，让贫困群众真正得到实惠。

2015年2月，习近平主持召开陕甘宁革命老区脱贫致富座谈会，要求各级党委和政府要增强使命感和责任感，贯彻精准扶贫要求，做到目标明确、任务明确、责任明确、举措明确，把钱真正用到刀刃上，真正发挥拔穷根的作用。

2015年3月，习近平参加十二届全国人大三次会议广西代表团审议政府工作报告，强调要把扶贫攻坚抓紧抓准抓到位，坚持精准扶贫，倒排工期，算好明细账，决不让一个少数民族、一个地区掉队。要打开孩子们通过学习成长、青壮年通过多渠道就业改变命运的扎实通道，坚决阻止贫困现象代际传递。

2015年6月，习近平在贵州就加大推进扶贫开发工作力度指出，扶贫开发“贵在精准，重在精准，成败之举在于精准”，他提出“六个精准”：即“扶贫对象精准、项目安排精准、资金使用精准、措施到户精准、因村派人精准、脱贫成效精准”。要坚持因人因地施策，因贫困原因施策，因贫困类型施策，区别不同情况，做到对症下药、精准滴灌、靶向治疗，不搞大水漫灌、走马观花、大而化之。

2015年10月，习近平在2015减贫与发展高层论坛上强调，中国扶贫攻坚工作实施精准扶贫方略，增加扶贫投入，出台优惠政策措施，坚持中国制度优势，注重六个精准，坚持分类施策，因人因地施策，因贫困原因施策，因贫困类型施策，通过扶持生产和就业发展一批，通过易地搬迁安置一批，通过生态保护脱贫一批，通过教育扶贫脱贫一批，通过低保政策兜底一批，广泛动员全社会力量参与扶贫。

2015 年 11 月，习近平在中央扶贫开发工作会议上强调，要坚持精准扶贫、精准脱贫，重在提高脱贫攻坚成效。关键是要找准路子、构建好的体制机制，在精准施策上出实招、在精准推进上下实功、在精准落地上见实效。要解决好“扶持谁”的问题，确保把真正的贫困人口弄清楚，把贫困人口、贫困程度、致贫原因等搞清楚，以便做到因户施策、因人施策。要解决好“谁来扶”的问题，加快形成中央统筹、省（自治区、直辖市）负总责、市（地）县抓落实的扶贫开发工作机制，做到分工明确、责任清晰、任务到人、考核到位。

2016 年春节即将来临之际，习近平来到江西考察，在井冈山市茅坪乡神山村了解村级组织建设和精准扶贫情况。在红军烈士后代左秀发家中，习近平对一家人立足本地资源增收脱贫的做法给予肯定。他指出，扶贫、脱贫的措施和工作一定要精准，要因户施策、因人施策，扶到点上、扶到根上，不能大而化之。

2016 年 4 月，习近平总书记到安徽调研。在金寨县花石乡大湾村，得知村里已将有的贫困户建档立卡，进行重点帮扶和管理，他表示赞许。习近平说，做好精准扶贫，建档立卡制度要坚持，依靠群众精准找到和帮助贫困户。

在精准扶贫思想的指导下，扶贫开发工作稳步推进，引起了国内外的广泛关注。

2016 年 4 月，习近平视察安徽金寨扶贫工作

精准扶贫是对传统扶贫方式的巨大改革，是以习近平为总书记的党中央面对扶贫工作新挑战与新要求所做出的积极应对和正确指引，是习近平治国理政方略的重要组成部分，对当前及今后一个时期掌握扶贫工作的主动权、打赢扶贫攻坚战具有重要意义。精准扶贫的核心要义是“准”，就是立足客观实际，准确分析形势，准确做出判断，准确拿出应对措施，注重针对性、实效性，是坚持独立自主、实事求是精神在扶贫开发工作方面结出的丰硕成果。

结 语

坚持独立自主、实事求是，一切从实际出发的精神是红军长征留给后人的宝贵精神财富。正反两方面的经验教训反复证明，在中国这样一个半殖民地、半封建的东方大国里进行革命，必然遇到许多特殊的复杂问题，靠背诵马克思列宁主义一般原理和照搬外国经验，不可能解决这些问题。国际共产主义运动和我们党内盛行的把马克思主义教条化、把共产国际决议和苏联经验神圣化的错误倾向，曾使中国革命几乎陷于绝境。以毛泽东为代表的中国共产党人创造性地运用马克思列宁主义基本原理，独立自主、实事求是地解决中国问题，最终把革命引向胜利。长征精神的传承，在以后的革命、建设和改革中，逐步形成了以实事求是、群众路线、独立自主为基本点的一系列思想理论成果，有力推动了马克思主义中国化的历史进程，并在党的科学理论指导下，逐步走上了中华民族伟大复兴的康庄大道。在新长征的征途中，独立自主、实事求是，永无止境；独立自主、实事求是，永远在路上。